CB060532

MEU CAPÍTULO NA
TV GLOBO

Joe Wallach

MEU CAPÍTULO NA
TV GLOBO

Texto original editado por
Randal Johnson

TOPBOOKS

Copyright © 2011 Joe Wallach

Direitos de edição da obra em língua portuguesa no Brasil adquiridos pela TOPBOOKS EDITORA. Todos os direitos reservados. Nenhuma parte desta obra pode ser apropriada e estocada em sistema de banco de dados ou processo similar, em qualquer forma ou meio, seja eletrônico, de fotocópia, gravação etc., sem a permissão do detentor do copyright.

Editor
José Mario Pereira

Editora assistente
Christine Ajuz

Revisão
Ivna Holanda

Capa
Miriam Lerner

Diagramação
Arte das Letras

TODOS OS DIREITOS RESERVADOS POR
Topbooks Editora e Distribuidora de Livros Ltda.
Rua Visconde de Inhaúma, 58 / gr. 203 – Centro
Rio de Janeiro – CEP: 20091-000
Telefax: (21) 2233-8718 e 2283-1039
E-mail: topbooks@topbooks.com.br

Visite o site da editora para mais informações
www.topbooks.com.br

*À minha filha Olenka,
que amou o Brasil de corpo e alma*

AGRADECIMENTOS

Devo muito a Randal Johnson como conselheiro, amigo precioso e editor que me ajudou a pôr ordem na narrativa. Agradeço a Joseph Straubaar na fase inicial do projeto, e depois a Sílvia Fiuza e Tatiana Di Sabatto, do projeto Memória Globo, assim como a Pedro Bial e Peter Lowndes pela cópia das transcrições das entrevistas feitas comigo, que usei para refrescar a memória. Meu genro, o compositor Oscar Castro Neves, me ajudou, com seu estímulo e sensibilidade, em momentos críticos. Ronald Levinsohn e Jorge Adib, amigos do coração, muito me incentivaram a escrever e foram decisivos para que essa publicação se efetivasse. Também sou grato a José Mario Pereira e equipe por seus conselhos e seu esforço preciosos. E, finalmente, agradeço à minha mulher e parceira, Doreen, que sempre me incentivou a concluir esse depoimento sobre uma época de ouro da minha vida.

SUMÁRIO

Nota introdutória 13

I. A TV Globo e a Time-Life 15
    A Time-Life no Brasil..27
    Investigação no Congresso 40
    O começo do fim...45

II. Roberto Marinho 51

III. Organizando a Tv Globo...75
    São Paulo e Walter Clark..79
    Televisão no Brasil: a concorrência 86
    O fim dos primeiros tempos..................................92
    Os novos tempos..93
    TV Globo e Walter Clark......................................96
    Boni..108
    A novela e outros programas da Globo 121

IV. Energias criativas e anos decisivos 131
    Afiliadas e expansão 140
    Energias criativas 148

V. A queda de Walter Clark 167
    A saída da empresa 170

VI. Deixando a Globo 179
   A TV hispânica nos Estados Unidos 183
   TV Globo e Telemontecarlo 189
   Globosat 190
   O legado da TV Globo 193

ANEXOS

Memorando ao Conselho de Time-Life das
   atividades na América Latina 199
Proposta para expansão do grupo Time-Life na
   América Latina 204
Memorando ao Conselho de Time-Life sobre
   investimento na TV Globo 221
Diário Oficial – Parecer do Consultor Geral da República
   sobre o acordo TV Globo – Time-Life 226

NOTA INTRODUTÓRIA

Que glória e que privilégio ter estado com a TV Globo desde o seu princípio – participando da jovem paixão, do drama, das alegrias e do trabalho intenso, plantando o que hoje é uma das redes de mídia mais colossais do mundo.

Comecei como representante do grupo Time-Life; virei amigo e pessoa de confiança de Roberto Marinho, e depois trabalhei como coordenador dos profissionais que dirigiam a TV Globo.

O que se conta nesse livro é a trajetória das pessoas que trabalharam por trás das câmeras nos primeiros anos, de 1965 até 1980. O público sempre adorou os atores, as novelas, os shows e noticiários, mas atrás deles estavam outros criadores, igualmente responsáveis pelo sucesso que já dura quase 50 anos.

E assim segue esta história, vista por mim.

I
A TV GLOBO E A TIME-LIFE

Quando a TV Globo entrou no ar em 1965, o Brasil possuía apenas 70 milhões de habitantes, a maior parte vivendo no litoral. Setenta por cento das crianças não completavam a escola primária e cerca de 30% da população eram analfabetos. Os sotaques regionais eram marcantes e muitas pessoas não falavam português. Por exemplo, em Blumenau, Santa Catarina, uma cidade de 60 mil almas no sul do país, as pessoas eram na maioria louras, tinham olhos azuis e falavam alemão. Existia uma cidade em São Paulo, chamada Americana, onde os sobrenomes eram Johnson, McNight e Smith, brasileiros cujos avós americanos, confederados do Sul, haviam emigrado para o Brasil depois da Guerra Civil. A cidade de Nova Odessa tinha imigrantes russos, e a população de São Paulo descendente de japoneses só era excedida pelo próprio Japão. Algumas pessoas no interior da Bahia falaram dialetos africanos por centenas de anos. Só para dar mais um exemplo, em 1967 instalávamos nossos retransmissores na cidade de Caxias do Sul, na serra gaúcha; num sábado, estávamos comendo saboroso espaguete, num pequeno restaurante, quando entraram jovens italianos que trabalhavam no campo, a maior parte nos seus trinta anos de idade, e, depois da refeição, passaram a cantar belas canções italianas do tempo de Garibaldi.

O Brasil parecia muito os Estados Unidos, um país de imigrantes, só que, no Brasil, eles constituíam ilhas separadas de civilizações. Não era o país unificado que conhecemos hoje. Existiam poucas estradas; as principais ligavam o Rio a São Paulo e, mais tarde, a Belo Horizonte. A cidade de Brasília fora inaugurada em 1960; no entanto, o primeiro trem só atingiu a capital sete anos depois, e não havia rodovias para lá. As cargas fluíam para Brasília também a bordo de DC-3s, uma forma de transporte improvisado.

Significativo era o número de carros e de telefones então existentes. O Brasil só tinha em 1965 dois milhões de veículos e um milhão de telefones. Caso fosse necessária uma ligação telefônica do bairro do Jardim Botânico para o centro do Rio, por vezes era melhor pegar um táxi Volkswagen e falar pessoalmente. Uma reunião no 15º andar de um prédio podia significar cansativas subidas e descidas de escadas quando a eletricidade faltava. Tínhamos no escritório os "telephone boys", que ficavam permanentemente com os aparelhos no ouvido esperando por um sinal de discar. Quando conseguiam, era uma alegria: "Linha!", gritavam eles, e podia-se começar a conversa, sempre com o risco de a ligação cair. Quando se ia a um banco falar com o gerente, a mesa dele estava coberta de aparelhos telefônicos de várias cores, cerca de oito. Se houvesse uma chamada, o pobre homem ficava levantando os telefones e respondendo: "Alô", até encontrar o aparelho correto. Era esse o Brasil de 1965.

Aproximadamente só 20% da população tinham acesso à televisão, e a maioria nas cidades do Rio e São Paulo.

Nos dez anos seguintes, o Brasil progrediu dramaticamente e se tornou um país unificado e razoavelmente moderno pelas telecomunicações e diversos outros fatores. Estradas foram construídas, incrementando o transporte de superfície, ao mesmo tempo em que aumentava a produção de automóveis e caminhões. Os mercados de todos os tipos de produtos cresceram rapidamente. Segue aqui a história de como isso aconteceu.

A primeira vez que pus os pés no Brasil foi no início de agosto de 1965, exatamente quatro meses depois que a TV Globo iniciou suas operações. Cheguei como representante da Time-Life, a qual fizera um acordo comercial com a Globo alguns anos antes. Pouco sabia o que me esperava enquanto viajava no voo Pan Am 201 de Nova York ao Rio de Janeiro, no dia 31 de julho daquele ano. Viajando comigo estavam Wes Pullen, presidente da Time-Life Broadcast Division, e Andrew Murtha, o gerente de administração. A linda vista do Rio quando pousávamos me deu a primeira emoção da aventura que estava à minha frente. Nossos dois táxis Volks galopavam pelo trânsito despreocupado a caminho do Hotel Copacabana Palace, onde nos esperava Alberto Catá, que parecia um embaixador recebendo dignitários estrangeiros. Catá era o representante da Time-Life no Brasil.

Fizemos nossos registros no anexo do hotel. Logo depois nos reunimos com Catá, que disse: "Não dá para fazer coisa alguma com Marinho. Não há qualquer colaboração dele. Ele não quer trabalhar conosco, e não consigo trabalhar com ele. Acho que está tudo acabado por aqui. Nossa parceria com Marinho terminou". E Catá prosseguiu: "Ele não quer assinar as notas promissórias e a inflação não para de crescer. Também não consigo convencê-lo a mudar a programação". Supostamente, Catá era assessor para a programação e queria alterar algumas coisas, mas Marinho não lhe dava a mínima atenção. Foi isso que ouvi no meu primeiro dia de Brasil, e logo imaginei que nada iria acontecer.

Reunimo-nos com Roberto Marinho e os americanos começaram a falar. Pullen, ao seu modo, tentou agitar: "Temos que nos mexer e fazer as coisas caminharem". A TV Globo acabara de entrar no ar, em abril de 1965, e estava no último lugar entre as quatro estações do Rio. Pullen disse: "Precisamos melhorar as coisas por aqui". Fiquei olhando para aquele homem baixo – Roberto Marinho – ali sentado, impassível, com expressão grave estampada no rosto. O que os americanos queriam era que ele assinasse contratos e notas promissórias por todo o dinheiro que a Time-Life injetava. Aquilo se tornara o grande objetivo da vida deles. "Assine essas notas!" As notas eram em cruzeiros e a inflação caminhava para as alturas. Ninguém era capaz de arquitetar um processo de contabilização precisa da inflação, e tudo o que eles desejavam era ter as notas promissórias assinadas... Aquilo estava levando os dois lados à loucura. As despesas não davam sinal de amainar e, ao mesmo tempo, o negócio ia mal. Aquela foi uma das muitas crises entre o Dr. Roberto e a Time-Life.

Os primeiros cinco anos de minha relação com a Globo foram muito interessantes mas também bastante difíceis. Era como entrar diariamente num ringue de boxe e tentar sobreviver. Da perspectiva da Time-Life, as coisas não caminhavam bem, e ela se preocupava com o futuro. As tratativas entre o escritório de Nova York e Roberto Marinho nem sempre eram amenas.

Mas como cheguei naquela situação, que acabou me levando a uma das experiências mais importantes e fascinantes da minha vida? Nasci em Nova York, em 10 de setembro de 1923. Meus pais tinham um pequeno negócio de lavanderia. Éramos pobres. Quando jovem, também trabalhei na lavanderia. Estudei numa escola pública de Nova York e, depois, entrei para a City University, também universidade pública, onde só era necessário pagar dois dólares por um cartão de frequência na biblioteca, e mais nada. Comecei estudando à noite, mas depois passei a ter aulas durante o dia.

Trabalhei trinta horas por semana enquanto universitário, primeiro numa sorveteria, antes de aprender a pintar e mexer com litografia. Estudei contabilidade durante três anos, mas a Segunda Guerra Mundial estourou e não pude completar a formação acadêmica. Alistei-me no Exército e servi três anos e meio, incluindo 20 meses na Europa como tenente. Fui ferido em janeiro de 1945, na Bélgica. Depois que tive alta do hospital, desempenhei funções não combatentes, e o conflito armado terminou. Finda a guerra, voltei aos Estados Unidos e estudei à noite na City University para cursar os seis créditos que ainda restavam para graduar-me. Retornei casado com uma moça polonesa, Maryla Dytkowska, que conhecera em Grenoble e que servia no exército polonês; nos casamos em Paris, em 1946.

Com o fim da guerra na Europa, muitos militares começaram a ser transferidos para o Japão, porém, felizmente, não tive que ir para lá. Muitos de nós combatemos na linha de frente; eu servia na polícia militar. O Exército decidiu oferecer um curso para incrementar as relações franco-americanas, uma vez que a tropa para lá designada não falava a língua do país e pouco conhecia sobre a França. O contingente americano era constituído por militares muito provincianos, que conheciam os Estados Unidos mas nada a respeito da Europa. Nossos estilos de vida diferiam completamente. Por exemplo, ficamos surpresos com a não existência de vasos sanitários; era no chão mesmo. Coisa estranha para a maioria dos americanos.

Foi muito difícil nossa adaptação àquele estilo de vida. De sorte que, terminada a luta armada, o Exército resolveu organizar o citado curso; para tanto, enviou certo número de oficiais à Universidade de Grenoble para estudar a língua e a civilização francesas, a fim de aprimorar as relações franco-americanas. Aconteceu que, no meu batalhão, eu era o único oficial que tinha educação universitária, de modo que fui selecionado. Na realidade, eu não queria ir, mas acabei frequentando o curso de seis semanas. Vivíamos como civis na universidade, uma experiência excitante. Caminhando certa vez pelo parque, na companhia de outro oficial americano, vimos duas garotas bonitas, uniformizadas e com boinas pretas nas quais estava escrito "Polônia".

E foi assim que tudo começou, e me casei enquanto ainda servia na França.

Minha carreira na vida civil teve início em 1946 como contador público. Eu me formara em Administração de Empresas com especialização em Contabilidade. Trabalhei algum tempo em Nova York mas logo nos mudamos. Minha esposa tinha verdadeiro pavor de uma guerra nuclear. Ela ficara presa nos campos nazistas, fora uma das que tiveram que fazer trabalhos forçados, e também perdera o pai e o irmão. Apesar de católica, seu pai foi morto e sua mãe desapareceu. Ela passara por verdadeiro pesadelo. Ao chegar aos Estados Unidos, a cidade de Nova York a aterrorizou, de maneira que passamos a zanzar pelo país. Trabalhei numa fábrica de roupas em Massachusetts, depois numa empresa têxtil na Pensilvânia. Comecei como contador, passei a controlador e, finalmente, tornei-me gerente de vendas. Organizei o departamento infantil de uma companhia que vendia vestuário. Para falar a verdade, cada mudança representava um degrau acima na vida comercial. Nos anos 1950, a competição era dura e todo o mundo tentava progredir. Evidentemente, compramos a primeira casa, tivemos dois filhos e um terceiro estava a caminho. Em 1960, morávamos em Altoona, na Pensilvânia, quando minha esposa contraiu uma forte alergia, os médicos prognosticaram sua evolução para asma. Mudamo-nos então para a Califórnia.

Primeiro fui sozinho para Los Angeles e consultei os classificados de empregos na cidade e em San Francisco. Recebi duas ofertas relacionadas com o que eu vinha fazendo, mas com salário cerca de 40% menor do que aquele que eu recebia. Um amigo disse: "Por que você não dá um pulo até San Diego? É uma bela cidade. Dê uma olhada". Parti para lá, e foi amor à primeira vista. "Que cidade! Eu adoraria viver aqui". Visitei algumas empresas de contabilidade e, numa delas, alguém me disse que havia um emprego, fora do meu campo de atividade, e que talvez minha experiência não se coadunasse com as tarefas. Era uma estação de televisão – uma empresa de propriedade privada associada à NBC – e consegui uma entrevista. Acabei convencendo o gerente a me contratar como assistente da gerência. Ele fez algumas pesquisas sobre meu passado e concluiu que eu recebia o dobro do que ele poderia me pagar; e mais: achou que minhas qualificações eram até maiores do que as necessárias para a função a desempenhar; porém eu estava tão confiante que nem me preocupei com o salário. O pessoal da empresa me alertou que o trabalho na televisão poderia ser muito árduo, mas até que o achei bastante simples e passei a gostar muito do que fazia. Sempre me considerei capaz de realizar qualquer tarefa. Algumas pessoas são assim.

Comecei na emissora de TV em abril de 1960. Naquela ocasião, ela era propriedade de um grupo de investimentos da Costa Leste. Cerca de cem pessoas trabalhavam na estação, que colocava no ar uma programação local, de manhã, no fim da tarde, e no fim da noite (bem parecido com o que hoje ainda faz). E a rede nos alimentava no restante do tempo com o mesmo tipo de programação típica nos Estados Unidos. Havia um gerente, um diretor de programação, um gerente de vendas, um engenheiro e eu. Minhas atribuições não eram difíceis, pois não tinham relação com a produção. Jogávamos no ar o noticiário local, às seis da tarde, com nosso âncora Regis Philbin. O irmão de Johnny Carson, Dick Carson, trabalhava na engenharia. Raquel Welch era a moça da meteorologia. Seu nome naquela oportunidade era Raquel Tejada, e ela tinha dois filhos. Em seguida, Raquel deixou San Diego e quase nada soubemos dela por longo tempo. Mais tarde, sua fama estourou em Los Angeles.

Em 1962, a Time-Life comprou a estação de TV de San Diego. A Time Inc., que publicava revistas como a *Time* e a *Life*, criara a Time-Life Incorporated em 1952. Ela era a dona de estações em Minneapolis, Indianapolis, Denver e Grand Rapids, no Michigan. Quando houve a compra, o gerente, que era de San Francisco, deixou a estação e se mudou para algum lugar do Norte. Assumi a gerência da estação. A direção da Time-Life era composta por gente muito *waspy* [WASP, ou *White* (branca), *Anglo-Saxon* (anglo-saxônica), *Protestant* (protestante)]. Henry Luce ainda estava no seu leme, junto com Hedley Donovan. Eles só contratavam pessoas formadas em jornalismo, e criaram uma verdadeira "rede de velhos amigos". Eu parecia peixe fora d'água, pois meu histórico nada tinha a ver com os deles. Eram todos formados em universidades da Ivy League, viviam em Nova York, e não sabiam o que fazer comigo, se bem que eu tocasse uma de suas emissoras. Eram donos de diversas estações de TV e estavam comprando outras. Perguntaram-me se eu queria ir para Nova York para trabalhar no escritório da Time-Life porque havia um protegido empregado no Meio-Oeste, e eles desejavam transferi-lo para San Diego. Recusei a oferta argumentando que estava feliz na Califórnia.

O *chairman* do Conselho de Administração da Time-Life, Andrew Heiskell, era uma pessoa excelente. Nasceu na Itália, foi criado tanto lá quanto nos Estados Unidos e se casou com famosa estrela do cinema americano dos bons tempos, Madeleine Carroll, que atuou em filmes como *Os 39 Passos* e *Prisioneiro de Zenda*. Heiskell, com seus mais de dois metros de altura, era um intelectual, e Henry Luce, o proprietário da Time, Inc., estimava-o bastante.

A divisão de difusão, a Time-Life Broadcast, era administrada naquela época por homens muito provincianos, que jamais saíram dos Estados Unidos. Nenhum deles. O edifício da Time-Life em Nova York era recém-construído e todos trabalhavam lá. O homem que ajudara a pô-lo de pé, Wes Pullen, tornou-se *chairman* da Time-Life Broadcast. Pullen bebia demais: tomava dois martinis no almoço e, se ficasse até as cinco da tarde, emendava no Rose's Bar and Grill com amigos, e tomava mais dois martinis antes de seguir para Connecticut, onde morava. Se fosse necessária uma conversa séria com Pullen era preciso pegá-lo antes de uma da tarde. A Time-Life Broadcast era uma espécie de sinecura para aquela gente – administravam algumas estações domésticas de televisão, das quais eram donos, e era tudo o que sabiam fazer; porém, existiam outros homens na empresa, mais agradáveis e com maior visão.

Andrew Heiskell era uma figura carismática. Por ter histórico e horizontes internacionais, desejava projetar a companhia para o exterior e investir em televisões além-mar (ver Anexos, pág. 199-203). Heiskell fizera amizade com a máfia que mandava na televisão cubana, chefiada por Goar Mestre, o qual fugira de Havana quando Castro assumiu o poder, e ajudou a alastrar a TV cubana pela América Latina. Os cubanos estavam entre os melhores no negócio; todas as novelas nasciam lá, e a rádio de Cuba também era muito boa. Os cubanos parecem os cariocas: possuem veia artística e têm pendor pela cultura.

Muitos cubanos que eram realmente bons operadores de televisão deixaram o país depois da revolução. Goar Mestre foi para a Argentina, casou com uma moça de lá e se tornou cidadão argentino. Acabou se transformando em figura exponencial da TV argentina; um de seus amigos emigrou para a Venezuela. Heiskell fez um acordo com Goar Mestre, e a Time-Life entrou em alguns países latino-americanos achando que eles poderiam representar excelente mercado emergente com possibilidades de grande expansão (ver Anexos, pág. 204-220). O processo de aquisições foi semelhante ao da compra de estações nos EUA, porque a Time-Life nada produzia além de noticiários.

Heiskell também conheceu Roberto Marinho naquele tempo, e os dois se deram muito bem. Conversavam em francês, porque Heiskell não falava português e o Dr. Roberto só arranhava a língua inglesa. Portanto, deu-se o encontro de um homem mais ou menos da minha altura com o gigante Heiskell, um par improvável, mas que deu certo.

Heiskell disse: "Vamos fazer alguma coisa juntos no Brasil". E foi assim que tudo começou.

Então, ali estava a Time-Life querendo investir na América Latina, a começar por Venezuela e Argentina. Os chefões perguntaram se eu queria ir para a Venezuela, e eu disse não. Quando me ofereceram o Brasil, concordei, por achar que seria uma boa experiência para minha família. Disse-lhes que iria para o Brasil desde que pudesse voltar em um ano para retomar meu trabalho no Canal 10 de San Diego, pois não pretendia abandonar jamais aquela cidade. Eu, de fato, gostava muito de San Diego, pensava até em me envolver com minha própria televisão a cabo na cidade. Foi lá que surgiu o primeiro mercado a cabo nos Estados Unidos, e se tornou o mais importante da América. Além disso, dois outros interesses me ligavam à cidade: com alguns habitantes locais, estávamos construindo uma arena de esportes e organizando uma equipe de basquete para a NBA e um time de hóquei. Deixei tudo isso para passar um ano no Brasil.

Eu jamais estivera antes no Brasil. Não falava uma só palavra de português, porém entendia um pouco de espanhol e também me virava com o francês, aprendido durante a guerra. Quando cheguei ao país, fui assaltado por um sentimento interessante de recomeçar da estaca zero. O dia de minha chegada ao Rio de Janeiro foi 1º de agosto de 1965. A TV Globo entrara no ar no dia 26 de abril daquele mesmo ano.

A TIME-LIFE NO BRASIL

Em 1957, durante o governo Juscelino Kubitschek, Roberto Marinho ganhou a concessão da TV Globo, canal 4, no Rio de Janeiro, e em 1962, no governo João Goulart, recebeu a concessão para operar o canal em Brasília. As demais concessões foram adquiridas através da compra de emissoras de particulares: São Paulo e Recife, de Victor Costa; Belo Horizonte e Juiz de Fora, de João Batista do Amaral (o Pipa do Amaral). O equipamento necessário para montar essa rede custou entre 500 e 600 mil dólares, muito dinheiro para aquela ocasião. Por falta de recursos financeiros, buscou parceria com a Time-Life. Como já mencionei, o *chairman* do Conselho da Time-Life era Andrew Heiskell, o mentor da entrada da empresa na América Latina. Heiskell se tornara *chairman* da Time-Life muito jovem e, além de homem culto, tinha visão bastante ampla. Parece que se deu muito bem com Roberto Marinho. Lembro-me de várias viagens que fez ao Rio para se encontrar com o Dr. Roberto. Acho que eles começaram a trabalhar o acordo desde que a licença foi conseguida. Foram necessários alguns anos para organizar as primeiras estruturas e colocar as coisas no lugar.

A parceria da Time-Life com Roberto Marinho no Brasil tinha limites. Como a lei determinava que estrangeiros não podiam ser proprietários, nem parciais, de companhias de radiodifusão, a saída foi um acordo que não dava nenhum direito de direção ou de propriedade à Time-Life, apenas participando dos lucros e prejuízos. O dinheiro da Time-Life seria aplicado nos prédios, na aquisição do transmissor e dos equipamentos, mas não da licença. A Time-Life receberia valores mensais, correspondentes a 45% dos lucros da estação do Rio de Janeiro, mais 3% das receitas como pagamento pela assistência técnica, desde que o total não excedesse 49%. Na essência, foi esse o acordo, o qual também estipulava que Roberto Marinho dirigiria tudo, e a Time-Life só proporcionaria a assistência técnica. Creio que o total por ela investido naquela empreitada foi de aproximadamente cinco milhões de dólares. Por anos a estação não deu lucro, razão pela qual, no final, a Time-Life saiu do negócio. Enfim, o artifício acima relatado permitiu a entrada da Time-Life no Brasil. Foi assim que começou.

Quando cheguei ao Brasil, em 1965, a TV Globo perdia 250 mil dólares por mês. O escritório central da Time-Life em Nova York não tinha a mínima ideia do que se passava. Estudei a situação e, no final de 1965, escrevi uma carta para a empresa relatando as necessidades. Disse-lhes que, se enviassem 1,25 milhão de dólares adicionais, o equilíbrio seria atingido por volta de junho de 1966. Eles mandaram o dinheiro, mas o equilíbrio só foi conseguido em 1971. Nunca mais solicitei um só centavo à Time-Life. A quantia que pedi chegou na primeira metade de 1966 (ver Anexos, pág. 221) Durante minha permanência no Brasil, esse foi o total investido pela Time-Life – 1,25 milhão de dólares remetidos através do Citibank Rio – e mandei-lhes de volta as notas promissórias assinadas por Roberto Marinho.

Como disse, quando cheguei, Alberto Hernández Catá representava a Time-Life no Brasil. O governador do estado da Guanabara, Carlos Lacerda, em determinada ocasião havia prendido Catá. A relação entre o Dr. Roberto e Carlos Lacerda era tensa, e o governador criava dificuldades políticas para a Globo. Por exemplo: ele denunciou a Time-Life e Roberto Marinho ao ministro da Justiça, e depois determinou ao DOPS que Catá fosse preso por ser agente de influência estrangeira. O advogado José Nabuco agiu rapidamente e, em nome da Time-Life, conseguiu tirar Catá da cadeia. Lacerda era um governador muito forte, uma espécie de político liberal, contudo levantou a questão da influência estrangeira.

Catá, um cubano, outrora trabalhara com Goar Mestre, e seu pai já tinha sido embaixador de Cuba no Brasil. Era um homem culto, educadíssimo, e entendia bastante de televisão. Depois que Catá partiu para o Brasil a fim de representar a Time-Life, a empresa, virtualmente, o deixou sozinho. Ele tinha maneiras muito britânicas, como um duque; já trabalhara para a Companhia Farmacêutica Sidney Ross e era respeitado ao extremo; alto, vistoso, fumava cigarros como Marcello Mastroianni. Catá tinha excelente senso de humor, era inteligentíssimo e sabia tudo sobre novelas e programação de televisão. Todavia, só trabalhava das nove da manhã às cinco da tarde; esta era sua rotina, que, para os brasileiros, parecia um absurdo. É verdade que ele entendia realmente de televisão, mas estava limitado a fazer apenas sugestões. Marinho não gostava de Catá, e as outras pessoas da TV não o queriam por perto.

A Time-Life despachou também uns poucos empregados para auxiliarem Catá, em especial na área financeira – um desastre total. Eram pessoas que trabalhavam no escritório da Time-Life em Nova York e não tinham o mínimo perfil para a tarefa; nenhum deles, inclusive o chefe da divisão de radiodifusão. Não houve jeito de se entenderem com Roberto Marinho. Notei isso no primeiro dia em que desembarquei no Brasil. A relação era difícil porque os homens da Time-Life não captavam o modo brasileiro de fazer as coisas. Contavam sempre com a ajuda de Catá, o único dentre eles que falava português. Apesar de Marinho ter frequentado uma escola britânica na infância, ele não falava inglês; seu secretário Vitório funcionava como intérprete. O problema era cultural, de modo que tentei de imediato compreender a cultura brasileira da melhor forma possível.

A única pessoa com quem Marinho se dava bem era Andrew Heiskell, que faleceu em 2003. Depois de se aposentar da Time-Life, ele se tornou um dos curadores da Biblioteca Pública de Nova York e trabalhou arduamente para reformar o prédio da biblioteca. Heiskell e Marinho andavam pela cidade num pequeno Volkswagen; o americano mal cabia no carro e o brasileiro dirigia. Eles realmente se admiravam mutuamente, mas quando Heiskell começou a enviar seus empregados para o Brasil, tudo começou a desandar e Marinho ficou louco. O desentendimento era total, desde o modo de trabalhar, passando pelos advogados e pela papelada resultante das flutuações da moeda brasileira. Marinho não estava acostumado com tudo aquilo. Ele tinha modo próprio e peculiar de resolver dificuldades.

Catá enfrentou problemas cardíacos, e foi então que a Time-Life ofereceu-me o emprego no Brasil. Antes de eu embarcar, Heiskell avisou Marinho que estava mandando uma pessoa para auxiliar Catá; disse meu nome e que eu era de San Diego. Marinho se surpreendeu: "San Diego?" Ele esperava alguém de Nova York, não de San Diego. Heiskell disse: "Experimente o homem, talvez dê tudo certo". Marinho tinha sérias dúvidas, porque a convivência com meus dois antecessores não havia sido nada boa. Tempos depois, ele iria afirmar com suas próprias palavras: "Quando me disseram que um homem de San Diego estava chegando, jamais pensei que a coisa funcionaria". Ele imaginava que a Time-Life era uma rede de televisão de grande porte. Na realidade, não era não. A empresa possuía apenas seis estações de televisão em diferentes regiões dos Estados Unidos. Seu negócio principal era a publicação das revistas *Time* e *Life*.

Comecei a trabalhar no Brasil em agosto de 1965 e, passados uns poucos meses, Catá foi embora. Sua saúde não andava boa em função dos problemas no coração, e a empresa o transferiu para a sede em Nova York. Ele morreu poucos anos mais tarde, quando trabalhava em seu escritório de Los Angeles. Sua doença cardíaca já era muito grave e ele, ainda por cima, bebia muito, como de resto todos os outros. E foi assim que fiquei sozinho com Marinho – como único representante da Time-Life.

Na verdade, não havia a mínima afinidade entre Marinho e o pessoal da empresa, protótipos dos americanos, até mesmo para mim, um americano. Eles eram muito quadrados e tinham uma visão dos negócios diferente da minha; não possuíam qualquer experiência com pessoas estrangeiras, muito menos com latino-americanos, gente de climas mais quentes. Com Heiskell as coisas caminhavam de forma distinta.

Nos meus encontros com Roberto Marinho passamos a nos comunicar em francês porque, como já disse, eu não conseguia me expressar em português. Sempre que marcávamos uma reunião, o assunto era, invariavelmente, a assinatura de notas promissórias, uma vez que estávamos perdendo tanto que quase toda a semana a Time-Life precisava injetar dinheiro através do National City Bank, como se chamava antes de se tornar Citigroup. Meu ritual semanal era tentar fazer o Dr. Marinho assinar novas notas após chegar de minha ida ao banco. A Time-Life vivia me dizendo que, se as notas não fossem assinadas, ela não liberaria mais dinheiro. Uma situação bastante incômoda para mim naquele tempo.

Mais tarde, quando meu português melhorou, Marinho passou a dizer-me: "Não aguento mais, não aguento mais!" O pessoal de Nova York não o entendia, e Marinho também não entendia a turma de lá. Tratava-se de um choque de culturas, muito distintas que eram. De início, o Dr. Roberto não sabia como lidar comigo, e perdera a confiança na Time-Life.

Àquele tempo, o homem que Roberto Marinho designara para administrar a televisão era Rubens Amaral, uma pessoa elegante que desfrutava de bom conceito junto ao patrão. Ele fora locutor da Rádio Globo, a única estação de radiodifusão que o Dr. Roberto então possuía, além do jornal – *O Globo* – que também batalhava com a concorrência, sendo o terceiro ou quarto no ranking do Rio; o *Jornal do Brasil* era, de longe, o primeiro, em particular devido aos seus Classificados. Marinho era dono da estação de rádio e da Rio Gráfica, onde eram rodados o jornal e revistas que lhe proporcionavam algum dinheiro. A televisão era novidade para ele. *O Globo* era um dos vespertinos; o *Jornal do Brasil*, matutino. A televisão era a nova filha do Dr. Roberto, portanto ele chamou Rubens Amaral e disse: "Você vai ser o diretor-geral dessa estação no Rio, a TV Globo". Todavia, Rubens não entendia absolutamente nada de televisão, e era uma pessoa do tipo pomposo.

Eu queria saber como as coisas andavam, uma vez que, como já mencionei, a TV Globo perdia 250 mil dólares por mês. Era essa a escala da quantia que chegava e não se destinava ao equipamento, e sim às perdas. Como se sabe, o dinheiro corre com mais rapidez para um poço sem fundo quando os problemas estão na operação; não se perde dinheiro num investimento de capital. Portanto, malgrado a dificuldade, tentei descobrir, custasse o que custasse, por onde escoavam as despesas. Eu fuçava o departamento financeiro, mas Rubens Amaral, que comandava tudo, não me esclarecia coisa alguma. Parecia que eu era um intruso. O Dr. Roberto vinha à noite para a estação de TV a fim de conversar com Amaral, cujo escritório era bem espaçoso. Falava um pouco comigo e perguntava: "Como vão as coisas?" Na qualidade de representante da Time-Life, eu não arredava pé do meu gabinete e persistia na tentativa de entender o que se passava. De tanto tentar, fui gradualmente me inteirando de tudo.

Durante aqueles primeiros meses, concentrei-me na avaliação das atividades, buscando entender as dificuldades para ver o que poderia ser feito. A primeira coisa que eu tinha que fazer era compreender o português. Muitas foram as reuniões em que todos falavam a língua da terra e eu fazia cara de inteligente, embora não captasse a maior parte do que era dito. Eu chegava tarde da noite ao meu pequeno apartamento e estudava. Vivia sozinho, pois minha família ainda estava na América. Eles só vieram seis meses depois. Eu estudava português num livro de gramática porque um professor que contratei não deu certo e só ministrou três semanas de aulas. Em consequência, aprendi razoavelmente a língua com base naquele livro: com os ensinamentos da gramática, esforcei-me por ouvir atentamente o que era dito. Depois eu procurava alguém que falasse um pouco de inglês e tentava juntar os pedaços de informações. Quanto à estação de televisão, é óbvio que me interessei pela grade de programação e pelos índices de audiência – estávamos em último lugar. Eu assistia televisão durante todo o tempo para ver o que a concorrência colocava no ar. E assim desvendei as razões para a posição ocupada pelas estações nos índices de audiência.

Pouco a pouco, fui me aproximando do Dr. Roberto e repassando-lhe algumas de minhas observações, cauteloso para não melindrar o diretor-geral Rubens Amaral. Marinho tinha fé na administração de Amaral. Algumas das pessoas contratadas conheciam o negócio, mas o controle era mínimo. Ninguém mandava em ninguém. Aquele era o caminho certo para o naufrágio. Tentei aprender o máximo possível e contar certas coisas a Marinho, mas ele nem olhava para mim quando conversávamos. Talvez fosse um problema de audição, não sei. Meu ouvido esquerdo e o ouvido esquerdo dele eram problemáticos. Ele sempre olhava para o chão enquanto eu falava.

Aproveitava a oportunidade para falar-lhe sobre coisas que eu havia observado, sobre o que eu pensava, e ele ouvia. O Dr. Roberto era uma pessoa muito calma e gentil. Certa vez, quando voltei de uma viagem aos Estados Unidos, trouxe-lhe de presente um pequeno conjunto de caneta e lapiseira com suas iniciais gravadas. Adotei esses gestos amistosos para tentar a aproximação, para mostrar-lhe que eu não era o inimigo. Como eu me esforçava muito por aprender, talvez ele percebesse minhas intenções. E ele notou que eu ficava à noite no escritório, ao passo que Catá ia embora às seis horas. Batalhei para esmiuçar os índices de audiência: que posição ocupávamos, como iam as vendas, onde se concentravam os gastos. Era difícil me inteirar da situação porque ninguém era capaz de me dar uma resposta honesta, a começar por Rubens Amaral. Dr. Roberto gostava de mim, porém eu era um homem da Time-Life; por conseguinte, tentei o caminho da amizade.

Às vezes eu tinha de ir até o jornal por causa das remessas quase semanais de dinheiro da Time-Life, e Dr. Roberto ficava contrariado por ter que assinar notas adicionais cada vez que as quantias chegavam. Ele julgava que a parceria, supostamente, deveria partilhar investimentos e lucros, mas a Time-Life queria garantia para seus investimentos em dólares pela equivalência em cruzeiros, que sempre diminuíam devido à inflação e à constante desvalorização da moeda brasileira. Em decorrência disso estabeleceu-se um conflito de opiniões, nem sempre percebido entre quem procurava conviver com a inflação e os americanos que não tinham experiência com ela. Dr. Roberto foi perdendo a paciência com o pessoal de Nova York, ao mesmo tempo em que passou a me olhar com outros olhos ao perceber que eu tentava trabalhar e não tinha hora para ir embora. Ele chegava à emissora de TV por volta das sete da noite e ficava cerca de uma hora e meia por lá. Evidentemente, sempre me encontrava trabalhando, na expectativa de equacionar os problemas; então ele entendeu que eu, pelo menos, tentava de todas as formas encontrar soluções, e passou a dar mais atenção ao que eu relatava e sugeria.

Meu acesso a Marinho foi aumentando gradativamente e, em diversas ocasiões, fui ao pequeno apartamento que ele tinha no edifício de *O Globo* para conversar um pouco – em francês! Ele gostava do idioma e nossa conversa fluía melhor em francês do que em qualquer outra língua; assim, nossas trocas de ideias foram se alongando. Quando dominei melhor o português, meu francês piorou, o que me surpreendeu, americano que era, pela prevalência de uma língua sobre a outra.

Minha formação era em administração de empresas, portanto, assim que cheguei procurei avaliar como iam as coisas, como estava a audiência, qual era a receita. Centrei-me na área financeira e estudei a fundo os problemas. Não foi fácil; contudo, após diversos meses, consegui determinar os custos da estação. Os métodos adotados pela contabilidade não estavam muito atualizados. Como eu vinha igualmente de uma estação de TV – a de San Diego – vasculhei também outros setores, em especial os índices de audiência, para formar um quadro da situação geral. Otacílio Pereira, um ex-capitão do Exército, trabalhava na contabilidade. Tratava-se de homem esforçado, mas percebi que seu processo de lidar com as contas não era o mais adequado. De fato, a estação produzia programas, mas não se sabia a que preço. Era assim que tudo funcionava – uma grande confusão. Os programas iam ao ar, e era tudo o que interessava às pessoas, mas ninguém tomava conta do negócio.

Era extremamente difícil manter um equilíbrio, nem que fosse para sobreviver. Muitas pessoas eram contratadas e nem apareciam para trabalhar. Os diretores de programação anteriores haviam contratado artistas que jamais iam à estação; não produziam absolutamente nada. Algumas pessoas trabalhavam, outras não. Os programas transmitidos, a meu ver, estavam mal planejados e sua execução era incompleta. Procurei ver, então, o que as outras estações colocavam no ar, mergulhei nas audiências. Obviamente concluí que nossa grade estava errada e comecei a negociar novos contratos. Cancelei uma série de filmes americanos e também muitos programas difundidos pelas televisões de lá. Dei fim aos contratos com a CBS e com a Screen Gems, cujos produtos ainda não havíamos utilizado, porque avaliei que eles custariam alguns milhões de dólares por um período de poucos anos.

Também ajudei no setor da assistência técnica; contudo, as pessoas que tocavam a TV Globo ficavam sempre ressentidas com qualquer sugestão partida do homem da Time-Life. Não obstante, eles respeitavam a equipe técnica americana. John Baldwin era um homem mais velho e experiente de Minneapolis. Ele foi muito importante para a instalação da estação transmissora e das câmeras de TV. O transmissor e suas antenas foram montados no cimo de um morro do Rio, sob a orientação de Baldwin. Um militar brasileiro, o general Lauro Augusto de Medeiros, chefiava o departamento de engenharia da Globo, e Marinho gostava muito dele. O general, como era comum entre os militares naquele tempo, tinha bom preparo em eletrônica e comunicações. No tocante à construção, os engenheiros da Time-Life faziam um trabalho impróprio porque careciam de experiência. Eles levantavam estúdios com cerca de trezentos metros quadrados de área, muito pequenos para o espaço que possuíam. Existiam três ou quatro estúdios, porém muito acanhados, e não havia onde armazenar cenários; os estúdios não se destinavam a grandes produções, uma vez que as redes de TV americanas afiliadas só produziam noticiários. Os estúdios cinematográficos dos Estados Unidos serviam, na época, para a produção de programas de televisão. Em decorrência, a TV Globo precisava produzir programas, além de comprar outros do exterior.

Quando comecei a trabalhar no Brasil, minha ligação era com Amaral e Catá. Por isso, todos os dias eu me reunia com Catá, que vivia repetindo querer ir embora; desejava voltar para os Estados Unidos. De noite, chegava o Dr. Roberto para conversar com o Amaral. Catá saía cedo e o patrão perguntava: "Onde está o Catá?" Mas ele já tinha se mandado. Marinho ficava no jornal o dia inteiro; nunca ia à TV durante o dia. Muitas vezes, assim que chegava,

Rubens Amaral o levava ao teatro – um belo teatro existente no edifício – para mostrar-lhe o ensaio de um show musical. E Marinho adorava. É preciso que tenhamos em mente que a TV Globo estava no ar há apenas poucos meses. Os índices de audiência chegavam no dia seguinte, e lá estava a TV Globo em quarto lugar! Às vezes sem nem um só ponto.

O Dr. Roberto não tinha o menor interesse por números, anotações, documentos, e sempre achei que ele julgava que a Time-Life trabalhava contra ele e tentava se aproveitar dele. Eu não tinha nada de positivo para lhe dizer, mas, ao mesmo tempo, tentava pô-lo a par da situação como eu a percebia desde o início na TV Globo do Rio, a qual, evidentemente, era muito confusa, como de resto acontece com novas empresas. Ela entrara no ar em abril e estávamos em agosto, três ou quatro meses decorridos. A desordem era grande.

Algumas pessoas da Globo falavam inglês, outras não. Marinho, embora não quisesse admitir, tinha algum viés contra o inglês, e por isso começamos nossas conversas em francês com um pouco de português misturado. Algumas das primeiras palavras que aprendi com o pessoal de Walter Clark eram de baixo calão, e eu não sabia. Quando saía com Walter, ele as empregava com frequência nas conversas, bem como gírias, e eu ia absorvendo.

Passados quatro meses, eu já estava me saindo razoavelmente bem com o português. Quando as pessoas falavam muito depressa era difícil, então eu pedia que fossem mais devagar, e elas concordavam. Boas amizades começaram assim. No início, minhas afinidades foram com as pessoas que falavam inglês, apesar de não serem muitas. Algumas delas provindas do Exército, por estranho que pareça, falavam a língua; elas trabalhavam com maior eficiência porque o Exército era uma boa escola de formação. A educação aprendida nos estabelecimentos escolares era demasiadamente deficiente, de maneira que muitas pessoas das áreas administrativa e de vendas deixavam a desejar. No princípio, eu não conversava com os artistas, e ocupava um pequeno escritório no primeiro andar do edifício amarelo da rua Von Martius, 22, no Jardim Botânico.

INVESTIGAÇÃO NO CONGRESSO

A questão da associação entre a Time-Life e a Globo foi primeiro suscitada por duas pessoas: Assis Chateaubriand e o governador Carlos Lacerda. Como já mencionei, Marinho vivia às turras com Lacerda, e o governador ia para a TV Tupi e desancava o Dr. Roberto. Nas eleições de 1965, Lacerda teve que deixar o cargo e ainda viu derrotado o candidato que apoiava – Carlos Flexa Ribeiro. O vencedor foi Francisco Negrão de Lima, que recebeu o apoio de Roberto Marinho. Houve ainda muitas desavenças entre os dois; problemas incríveis aconteceram, que eu não entendia por completo, mas sabia que não eram boa coisa.

Na edição de 29-30 de janeiro de 1996 da *Tribuna da Imprensa*, Hélio Fernandes, um aliado de Carlos Lacerda, escreveu o seguinte texto, que, como muitas outras coisas publicadas à época, não tinha qualquer base em fatos:

> "Se o Conselho de Segurança quiser apurar direitinho a influência estrangeira em nossa imprensa, procure saber quem é o famoso Mr. Wallach, que manda e desmanda na televisão controlada pelo grupo TIME-LIFE. Durante a calamidade que se abateu sobre a Guanabara, Mr. Wallach controlou tudo, tendo inclusive, numa noite (a de quinta-feira), determinado que as transmissões da estação de TV se encerrassem às 23:30 horas. Para se entender com os funcionários da estação, Mr. Wallach mantém a seu lado uma secretária, que funciona como intérprete. Nos corredores dessa TV só se ouvem frases assim: "É ordem de Mr. Wallach"; ou, "Só falando com Mr. Wallach"; ou ainda, "Depende de autorização de Mr. Wallach".

Assis Chateaubriand era mais polêmico em suas críticas. Ao longo de muitos anos, ele tentara conseguir dinheiro de bancos, agências de propaganda locais e investidores estrangeiros para sustentar seu império jornalístico. Desde 1960, enviava aos Estados Unidos seus diretores principais, João Calmon e Edmundo Monteiro, para conseguir dinheiro estrangeiro, sem sucesso. Quando começamos a TV Globo, Chateaubriand era dono de aproximadamente quinze estações espalhadas pelo país. Sem dúvida era nosso competidor mais forte. Em 1964 e 1965, enquanto Edmundo Monteiro procurava a rede americana ABC como possível investidor, João Calmon lançou um ataque contra TV Globo – Time-Life nas televisões deles, e Chateaubriand fez o mesmo nos jornais. Todos os dias Chatô escrevia editoriais em seus jornais e revistas, com graves insultos pessoais e mentiras contra o Dr. Roberto e o embaixador Roberto Campos, a quem atribuía interferência junto ao governo americano para que o acordo Time-Life/Globo se concretizasse. Na ocasião, estava acometido por uma doença que lhe paralisara os membros. Ele e Calmon foram os principais incentivadores da campanha, que resultou na instalação de uma CPI, já que a participação de capital estrangeiro era, aparentemente, inconstitucional. Marinho também começou a procurar coisas que Calmon talvez tivesse feito ilegalmente; creio que se relacionavam com o não pagamento do INSS e da sonegação de outros tributos. *O Globo* publicou editoriais minando as posições de Chateaubriand e Calmon. O assunto amainou por algum tempo, porém, vez por outra, voltava à tona.

Uma CPI foi instalada, em março de 1966, para investigar a infiltração estrangeira da Time-Life na indústria de comunicações. O primeiro convocado a depor foi o Dr. Roberto, em 20 de abril do mesmo ano; depois chegou a minha vez de me apresentar, em 18 de maio, ante um comitê em Brasília. O relator da comissão era o deputado Djalma Marinho. Eles tentavam me mandar de volta para os Estados Unidos. O deputado que liderava o grupo de senadores e deputados era João Calmon, presidente dos Diários Associados, nosso principal competidor, o que significava claro conflito de interesses. Testemunhei por cinco horas. Meu português não era dos melhores, na oportunidade, e fui questionado por vários congressistas.

Viajei para Brasília com minha secretária, Marta de Carvalho, mas vi-me obrigado a falar em português. Quando tinha dificuldade para me expressar, pedia socorro a ela.

Das cinco horas do depoimento, o deputado João Calmon, nosso concorrente, questionou-me por cerca de duas. Perguntou-me sobre o Brasil numa ocasião em que os Estados Unidos combatiam no Vietnã. Uma das indagações foi: "O que o senhor acha da guerra no Vietnã? Suponha que não concordemos com a postura dos Estados Unidos, o senhor tentaria nos influenciar?". "Evidentemente que não", respondi, e acrescentei que não tinha nada a ver com o jornalismo da televisão, ou com seu noticiário, que não eram minhas áreas; eu trabalhava apenas no setor de estratégia da empresa, sua administração e organização. O que era a pura verdade. Poucos dias após meu depoimento em Brasília, recebi, em minha casa no Rio, dois telefonemas anônimos: uma voz masculina me acusou de ser da CIA e me ameaçou de morte.

Foram tempos muitos interessantes. De qualquer maneira, julgo ter me saído a contento no depoimento, porque todos na Time-Life e até Roberto Marinho deram-me tapinhas nas costas. A CPI recebeu ampla cobertura de *O Cruzeiro*, a revista dos Diários Associados, mas não foi publicada a transcrição exata dos depoimentos; simplesmente foi mostrada minha fotografia ao lado da versão deles do ocorrido. No final, a comissão convocou Walter Clark e outros integrantes da emissora para depor. José Nabuco era o advogado da Time-Life, uma figura respeitável e muito considerada por Marinho; passei horas a fio conferenciando com ele. Luiz Gonzaga do Nascimento Silva, o advogado do Dr. Roberto, era também conceituado e, mais tarde, foi nomeado ministro do Trabalho e Previdência Social.

A comissão parlamentar de inquérito exigiu, então, que o presidente expulsasse a Time-Life e eu. Não sei se houve votação para tal decisão, porém ela foi muito estranha. João Calmon, mentor da comissão, a exemplo de Chateaubriand, publicou vários artigos na imprensa, quase todos em causa própria. Tempos depois, escreveu um livro sobre todo o caso – *O Livro Negro da Invasão Branca*. Quando a TV Tupi começou a se desintegrar, muitos o culparam, porém ele asseverou que os problemas se deviam à Globo e à Time-Life.

No ano seguinte, o presidente Castelo Branco criou uma comissão de três pessoas para analisar o resultado da Comissão Parlamentar de Inquérito sobre o relacionamento da TV Globo com a Time-Life: uma representava o Banco Central (Celso Silva), outra, o Conselho de Segurança Nacional (coronel Rubem Brum Negreiros), e a terceira, o Ministério Público Federal (Gildo Correia Ferraz). Fomos novamente convocados para depor: Roberto Marinho, Walter Clark e eu. Meu depoimento durou uma eternidade. Eu disse exatamente a verdade sobre como as coisas funcionavam, e a comissão deu permissão para que eu continuasse no país. Por dois votos contra um foi legalizada a posição da Time-Life, depois que a comissão parlamentar havia simplesmente nos liquidado (ver Anexos, pag. 226-231).

Durante aquele período conturbado, procurei manter-me em segundo plano. Mesmo depois, tentei permanecer no anonimato; no entanto, com o passar do tempo, acabei me tornando conhecido. Eu não fazia aparições públicas e jamais dei uma entrevista, de modo que podia manter tranquilamente minhas caminhadas diárias pela praia de Ipanema, sem precisar de segurança pessoal ou ser reconhecido. Entrementes, durante a CPI, tudo o que o pessoal da Time-Life podia fazer era perguntar: "Como vão as coisas?" E eu tentava desvendar o que se passava.

O COMEÇO DO FIM

Em julho de 1969 houve um grande incêndio na nossa estação de TV em São Paulo. O pessoal da Time-Life soube do sinistro e me convocou a Nova York, a fim de debater a situação. Eles haviam acabado de demitir Wes Pullen, responsável pela divisão de difusão, e contratado uma pessoa que trabalhara no Vietnã para o governo Johnson. Seu nome era Barry Zorthian, um homem duro na queda e de ascendência armênia. Àquela altura, a Time-Life estava envolvida com a Globo por mais de quatro anos e tinha investido cerca de cinco milhões de dólares. Com o incêndio, a situação parecia agravada. Quando cheguei a Nova York, logo me perguntaram o que estava acontecendo, pois não vinham recebendo retorno do investimento feito, e a TV Globo não estava assinando as notas promissórias compensatórias da inflação e da desvalorização cambial. Expliquei a situação da melhor maneira que pude, mas Zorthian foi incisivo: "Você já está por lá há quase cinco anos e não conseguimos um só centavo dessa empreitada. Quero que enfie uma palavra na sua cabeça: dinheiro!" Olhei para ele, e retruquei: "Sim senhor, sargento".

Zorthian e os demais pareciam insatisfeitos, mas eu lhes disse que não havia dinheiro e que não podíamos fazer coisa alguma. Uma das estações de TV virara cinzas, os grupos de esquerda estavam ativos, e tentávamos de todas as formas manter a cabeça fora d'água. Eu vinha esgrimindo como um louco com os homens da Globo para organizar as atividades, e ali estava Zorthian dizendo querer dinheiro! Ele ponderou que a Time-Life não poderia mais tolerar aquela situação, e arrematou: "Eu vou ao Rio falar com o Marinho para ver o que pode ser feito". Aconselhei-o a ser muito cauteloso, mas replicou: "Vou dizer ao Marinho que precisamos receber o retorno de nossa colaboração. Nós investimos muito nele". Então eu lhe disse que aquilo era impossível na ocasião, e que não havia nada que eu pudesse fazer.

Bem, cumpri meu papel: eu o alertei. Zorthian chegou ao Rio acompanhado por dois outros homens da Time-Life e nos reunimos no Copacabana Palace. Servi de intérprete entre o Dr. Roberto e os três. Depois que nos sentamos, Zorthian começou a disparar: estavam envolvidos com a Globo havia quatro ou cinco anos, investiram muito dinheiro e não receberam qualquer retorno. Queixou-se também de que o Dr. Roberto não havia assinado adequadamente as notas promissórias, uma vez que elas vinham se desvalorizando constantemente em função da galopante inflação brasileira. Esbravejou, encolerizado, por cerca de vinte minutos, e Roberto Marinho ouvia, sentado, sem dizer uma só palavra. Quando Zorthian terminou a arenga, Marinho disse: "Desculpem-me", e me chamou a um canto. Era uma tarde de sexta-feira. "Joe", falou ele, "estou indo embora. Vou passear de barco durante o fim de semana. Vejo você na segunda". Pediu licença e saiu da sala. O pessoal da Time-Life ficou pasmo e visivelmente contrariado. Aquele foi o clímax de uma situação terrível, muito terrível, do final de 1969. Em função de todo aquele estresse, meus nervos não aguentaram e fiquei internado numa clínica do Rio durante um ou dois dias. Não dava mais para suportar aquilo tudo, de modo que resolvi me afastar por duas semanas para ficar com a família e tentar me recuperar.

Este episódio representou, a meu ver, o início do fim da relação entre a Globo e a Time-Life. Ocorreu-me a possibilidade de a Globo comprar a participação da Time-Life. Levantei o assunto com Dr. Roberto mas não tínhamos dinheiro algum. Ele gastara boa quantia bem no início, para comprar equipamentos, e o dinheiro à disposição era o que vinha da Time-Life. Dr. Roberto me disse: "Joe, não sei. Talvez haja uma saída. Se você ficar ao meu lado e trabalhar comigo, podemos tentar. Vou providenciar para que valha a pena para você. Vamos ver se compramos". Era uma situação complicada para mim, pois eu representava a Time-Life e trabalhava com os profissionais da TV Globo e com Dr. Roberto. Estava formado um triângulo. Embora empregado da Time-Life, eu trabalhava mais com os brasileiros. Começou assim o processo. Heiskell disse que tinha interesse em vender a participação. Ambos concordaram que eu deveria conduzir as negociações entre eles, e foi o que fiz. A par de auxiliar na coordenação das operações da rede, participei ativamente dos arranjos para a compra.

Finalmente, ainda em 1969, a negociação foi concluída: Roberto Marinho compraria a participação da Time-Life por 3,85 milhões de dólares, com uma entrada de 500 mil dólares e o saldo amortizado em quatro anos, com uma parcela expressiva do pagamento a ser feita em 1972. O acordo foi honrado: compramos a participação da Time-Life. A documentação final ficou pronta no primeiro semestre de 1970, e os americanos deixaram a parceria. Marinho hipotecou sua casa como parte da garantia porque a Time-Life conseguiu que o Banco do Estado da Guanabara fosse o fiador do restante da dívida. Roberto Marinho entregaria ao banco tudo o que possuía caso não honrasse o compromisso. O Banco Central precisava aprovar a transação para que fizéssemos o pagamento em dólares; sua função era controlar a moeda que saía do país. Começamos, então, a realizar os pagamentos, que deveriam perdurar de 1970 a 1974. O Dr. Roberto perguntou-me se teríamos condições de pagar e respondi-lhe afirmativamente. A Time-Life não conseguiu reaver no tempo que esperava o dinheiro que investiu. A Globo só começou a dar lucro em 1972; creio que ele foi de três milhões de dólares naquele ano.

É importante salientar que a Time-Life saiu do negócio por razões financeiras. Eles não foram pressionados de forma alguma. Mais tarde, abandonaram todas as empreitadas que tinham na América Latina. Na verdade, foi bom para eles porque suas parcerias tinham sido mal encaminhadas. Embora continuassem lutando para permanecer no país, quando sugeri a compra da participação por Roberto Marinho foi a primeira vez que a Time-Life despertou para o assunto. Não tínhamos muita esperança de que eles concordassem, no entanto houve mudança de pessoal na direção da Time-Life: Zorthian substituiu Pullen e entrou uma nova equipe de administração no setor de radiodifusão. Isso alterou tudo. A Time-Life comprou, então, 17% da MGM, o que acabou sendo também um desastre. Quando tentaram entrar em outros negócios, os fracassos se repetiram; no final, encerraram todas as suas operações na América Latina. No Brasil, não houve qualquer pressão do governo. Ninguém os expulsou.

A Time-Life perguntou se eu desejava voltar para Nova York a fim de começar um negócio chamado Manhattan Cable, que depois se transformou na HBO. Declinei a oferta dizendo: "Vou ficar aqui". Dr. Roberto também conversou com a direção da Time-Life para me liberar para continuar no Brasil e ajudá-lo no gerenciamento da TV Globo. E assim foi. Decisão nada difícil: eu estava muito envolvido com as atividades da TV, minha vida era no Brasil, e eu tinha consciência de que ajudaria a construir alguma coisa importante, visto que, até aquele momento, a expansão da Globo vinha sendo emperrada pelo contrato com a Time-Life. A TV estava presa ao Rio e a São Paulo e não podia se alastrar. Depois que a venda foi concretizada, pudemos nos expandir para outras cidades.

Tornei-me cidadão brasileiro em 1971 e continuo até hoje nessa condição. Segundo a Constituição brasileira, para o desempenho de funções como as minhas era imperioso que eu fosse nascido no Brasil, e eu era apenas cidadão naturalizado. Por causa disso, mantive-me relativamente à sombra, mas continuei trabalhando. Mais tarde, com Walter Clark, José Bonifácio de Oliveira Sobrinho e outros diretores, tornei-me superintendente executivo da Globo e membro do seu Conselho de Administração.

Antes de 1970, quando a Time-Life saiu do negócio, eu não detinha cargo específico na organização; depois passei a superintendente executivo. Boni era o superintendente de programação, e Walter, o diretor-geral. Eram esses os títulos dos cargos que ocupávamos. Cada um de nós tinha seu próprio escritório, que eram próximos. Walter foi o homem da linha de frente até o momento em que saiu da organização. Já então, evidentemente, eu era bem conhecido e bem aceito. O governo reconhecia-me como cidadão brasileiro naturalizado, tanto que, quando decidi voltar aos Estados Unidos, o ministro das Relações Exteriores se deu ao trabalho de perguntar-me por que eu queria ir embora.

II

ROBERTO MARINHO

Antes de entrar no negócio da televisão, Roberto Marinho era um jornalista de *O Globo*, fundado por seu pai em 1925, e que competia com cerca de outros 15 jornais no Rio. Irineu Marinho faleceu subitamente, em 21 de agosto de 1925, pouco depois de fundar o jornal, quando Roberto, o mais velho de seus três filhos, tinha 21 anos. Este não quis ocupar de imediato as funções do pai, indicando para isso dois diretores – Eurycles de Mattos e Herbert Moses – ao lado dos quais continuou trabalhando. Roberto Marinho só assumiria a direção de *O Globo* em 8 de maio de 1931, aos 27 anos.

Roberto passou a gerir efetivamente o jornal e trouxe também, com o decorrer do tempo, os irmãos Rogério e Ricardo para trabalharem em *O Globo*. Seguindo a tradição da família de passar por todas as áreas da empresa antes de assumir um cargo de direção, Ricardo foi repórter, copidesque e redator até se tornar diretor-substituto e, em seguida, diretor-secretário. Rogério, o mais novo, estreou na reportagem esportiva, subordinado a Mário Filho. Em seguida foi repórter, redator em vários setores, chefe do copidesque até se tornar diretor-substituto de *O Globo*. Mas era Roberto, o mais velho, que efetivamente comandava o jornal com seu estilo centralizador. Os demais diretores acabaram se ajustando à nova situação. Eu não diria que fossem "vacas de presépio", pois cooperavam com o chefe, eram homens corretos e simplesmente achavam a direção de Roberto adequada. Naquela geração, era muito comum tal tipo de administração nas empresas. Roberto sempre foi uma pessoa muito direta e séria ao fazer negócios. O trabalho no jornal não tinha hora para terminar. Pessoas como Nelson Rodrigues e Otto Lara Resende também trabalhavam em *O Globo*; eles começaram como datilógrafos do noticiário e, no final, fizeram brilhantes carreiras como escritores e jornalistas.

O Globo ia para as ruas à tarde e tinha menor circulação do que os matutinos. Nascimento Brito, proprietário do *Jornal do Brasil*, o matutino de maior vendagem no Rio, era uma figura proeminente. Assis Chateaubriand se destacava ainda mais porque era dono de jornais espalhados pelo país. Chatô era uma verdadeira raposa, sabia tudo sobre autopromoção. Se a rainha da Inglaterra viesse ao Brasil, ele mandava pintar o avião com as cores da Union Jack; caso, em seguida, chegasse outro dignitário, Chateaubriand trocava convenientemente as cores da aeronave. Ele era um dos mais eminentes jornalistas do seu tempo, mas depois de sofrer um derrame cerebral escreveu vários artigos inapropriados.

Roberto Marinho foi, realmente, um homem muito modesto, porém, ao mesmo tempo, destemido. Não bebia.

Nesse particular, nós dois combinávamos, pois também não bebo. O pessoal da televisão gostava da bebida, e eu era o único, além de ser o mais idoso do grupo, que não gostava. Embora minha aparência não diferisse muito dos demais, eu tinha em média mais 14 anos que os outros, todos na faixa de 27 ou 28 anos, e eu, 42. Walter me chamava de Mickey Rooney. O Dr. Roberto julgava que eu era mais sério e responsável do que alguns dos outros. Na realidade, nossas personalidades tinham alguns aspectos em comum; ou melhor, elas podiam ser diferentes, mas se harmonizavam.

Durante meus primeiros quatro ou cinco anos de trabalho no Brasil, Roberto Marinho dirigia pela cidade do Rio de Janeiro um pequeno Volkswagen, com seu assistente Vitório como passageiro. Ele era assim. Nós dois almoçamos juntos, só nós dois, por alguns anos, por isso passamos a confiar um no outro. Durante aquelas refeições, ele me contava muitas coisas sobre sua vida; relembrava experiências da juventude, tanto profissionais quanto pessoais, como, por exemplo, de quando casou. Seu primeiro matrimônio ocorreu em 1946, quando já estava com 43 anos, com Dona Stella, uma grande dama, inteligente, elegante, apaixonada por artes, e que viria a ser a mãe de seus quatro filhos, aos quais soube dar ótima educação. Ele me falava detalhadamente sobre aquela fase de sua vida, e eu também lhe contava muitos pormenores da minha.

Roberto Marinho tinha diversas habilidades e podia fazer muitas coisas. Ele era excelente mergulhador em águas profundas. Adorava mergulhar com equipamento próprio, mas também o fazia sem ele. Tinha a capacidade de ficar submerso por um ou dois minutos, fisgar um peixe e depois emergir. Esculpia muito bem, era atirador de escol, jogava bridge com maestria e amava os animais. E os tinha de todos os tipos. Certa vez, chegou a ter um pequeno macaco em casa, onde também possuía flamingos e outros pássaros soltos pelo quintal. Tratava-se de um indivíduo multifacetado; de certa perspectiva, podia-se dizer que era um homem renascentista, se bem que não deixasse transparecer em razão de seus modos modestos.

Ele também montava muito bem – podia competir em pé de igualdade com os melhores cavaleiros militares. Foi campeão de equitação na juventude. Em 1978, quando montava um garanhão argentino, o cavalo subitamente disparou e se jogou contra um muro. Marinho ficou muito ferido: teve nove costelas fraturadas e uma delas perfurou-lhe o pulmão. A família e os amigos chegaram a pensar que ele não sobreviveria. Naquela ocasião, eu estava em sua companhia. Ele foi hospitalizado e teve que ficar acamado por duas semanas para se recuperar. Ainda na cama, virou-se para mim e disse: "Rapaz, que belo cavalo aquele! Tenho que voltar e montá-lo novamente". Roberto Marinho era esse tipo de pessoa. Entretanto, se alguém lhe pregasse uma peça, ele era capaz de matar – figurativamente, é claro.

Nas nossas conversas, falávamos sobre as pessoas de nossas vidas e sobre as que conhecíamos. Ele me perguntava sobre o pessoal da televisão, sobre o Boni, o Walter e outros. "O que você pensa do Boni? Do fulano? Do sicrano?" E também conversávamos sobre assuntos do dia a dia. Ele ia para o jornal às onze da manhã, vinha almoçar na TV

Globo à uma da tarde e ficava até as cinco. Às vezes, tirava um cochilo depois do almoço, e eu ficava sentado esperando que despertasse. Ele começou essa rotina mais ou menos em 1976. Houve ocasiões em que tive que acordá-lo, particularmente quando chegavam visitantes. Gente como o presidente da Sony ou líderes do governo vinham visitá-lo e ele os recebia lá mesmo, a não ser que fosse algo muito especial; porém, na maioria das vezes, os motivos das visitas eram políticos, de televisão, comerciais ou mesmo pessoais. Por vezes, ele as recebia privadamente; noutras, pedia que eu lhe fizesse companhia.

Roberto Marinho adorava negociar, e o fazia muito bem, não por dinheiro mas pelo prazer de negociar. Fosse uma propriedade ou um pequeno serviço, ele gostava mesmo era da arte da negociação. A melhor prova disso foi quando se dispôs a comprar a participação da Time-Life na TV Globo e não tinha muito dinheiro. Uma de suas paixões era comprar propriedades e peças de arte. Ao mesmo tempo, era um animal político que sabia muito bem como mexer os pauzinhos.

O Dr. Roberto era deveras astuto e perspicaz no caminhar através das intrigas políticas e empresariais. Há 46 anos, quando cheguei ao Brasil, vivia-se um período de muitas disputas entre os jornais. Alguns, menos escrupulosos, catavam qualquer tipo de documento, ou fuçavam algum aspecto que pusesse em dúvida a integridade do concorrente, e publicavam. A pessoa estava aniquilada. Roberto soube se defender bem durante todo aquele tempo.

Os críticos por vezes acreditam que Marinho conspirou muito com os militares, mas não é verdade. Ele conhecia o presidente João Figueiredo (1979-1985) dos dias de equitação na juventude. Os dois amavam cavalos. Marinho era excelente cavaleiro e competia com os oficiais do Exército, que estavam entre os melhores; portanto, se relacionava socialmente com alguns deles, mas realmente não tinha muitos amigos entre os militares. Agora, ele e Figueiredo eram amigos, e continuaram amigos mesmo depois que Figueiredo se tornou presidente. O general morava perto do meu prédio. Era comum ele ir à TV Globo para almoçarmos juntos numa grande mesa com outros diretores. Como bom carioca, ele gostava de falar; era muito sociável, tinha bom senso de humor, mas também podia ser áspero. Não era a mais brilhante das pessoas, porém sabia o que queria. O general que Marinho gostou e apreciou foi o presidente Castelo Branco (1964-67), embora a relação entre os dois não fosse muito estreita, e sim cordial e respeitosa. Castelo Branco era bom atirador, um militar da velha guarda que vivia modestamente numa casa em Ipanema. Não era homem aparatoso e morreu, em 1967, num acidente aéreo cercado de suspeitas, no estado do Ceará.

Sob o regime militar, especialmente depois de 1968, a situação ficou muito difícil, em particular no setor do jornalismo, sob a direção de Armando Nogueira. Roberto Marinho detinha controle total sobre o setor, a única área da TV Globo que assumiu, e houve muitos problemas. O governo queria isso ou aquilo e Marinho não concordava, daí as constantes brigas. O governo ameaçava fechar a TV Globo, contudo ao mesmo tempo temia as repercussões populares... Houve uma ocasião em que alguns jornalistas foram presos e desapareceram; no entanto, em todos os casos, nós os achamos depois de intensas buscas. As novelas passaram a ser severamente censuradas e sempre tínhamos que lutar para que elas fossem ao ar. Os militares desejavam cortar partes delas, de modo que a tensão sempre foi grande, por vezes causando grandes dificuldades. Roberto Marinho foi o grande líder nesta luta.

Em termos de novelas, tínhamos que enviar previamente os roteiros para Brasília. A censura foi maior durante o governo Médici, e os anos de 1969 a 1973 os mais difíceis. Não foram poucas as batalhas, posto que lutávamos contra muitos obstáculos e crescíamos. Durante certo período, depois de dezembro de 1968 e do AI-5, os militares ficaram furiosos com certos textos das novelas, de modo que Marinho encarregou Otto Lara Resende de ler todos os roteiros antes do envio para Brasília. Otto lia, mas não era um autor de novelas. Acabou se tornando uma espécie de mediador de diversos outros assuntos da TV Globo. Muitos de nós buscávamos seu conselho. Havia um certo tipo de "combate disfarçado" entre Marinho e os militares. Roberto não era chegado a Médici, e acho que nada havia em comum entre os dois. Ele não tinha acesso a Médici; o general era difícil de lidar. A censura durou uns dez anos. Foi muito difícil para nós vermos nossas novelas e nosso jornalismo submetidos aos censores. Tivemos novelas inteiras censuradas. Com o Figueiredo as coisas melhoraram um pouco. Conseguimos ter mais liberdade para trabalhar. Mesmo assim enfrentamos dificuldades, como a ocupação da redação no dia seguinte à edição do *Jornal Nacional*, que havia feito grande cobertura sobre o atentado do Riocentro; ou durante o comício das Diretas Já, no Rio de Janeiro, quando pouco antes de começar o *Jornal Nacional* um helicóptero do Exército sobrevoou a sede da emissora, com militares armados, e postou-se na altura da janela do então vice-presidente executivo, Roberto Irineu Marinho.

Marinho conhecia bem Delfim Netto [Antônio Delfim Netto, nascido em 1928; ministro da Fazenda de 1967 a 1974]. Todos nos dávamos com Delfim, um homem aberto e que gostava de conversar. Os militares nomearam Delfim para o cargo porque a economia progredia. Os programas propostos pelo ministro funcionavam bem durante aqueles anos, e ele sabia conduzir as questões econômico-financeiras. Delfim estava sempre conosco, chegava para almoçar e tomar uns drinques com o grupo. O pessoal mantinha boas conversas com o ministro, que era muito amigo de Paulo César Ferreira, um de nossos diretores.

Os militares confiavam em Delfim, porém cometeram alguns equívocos, como a construção da Transamazônica. Gastaram 350 milhões de dólares para construir a rodovia; enviavam turmas de construção na vanguarda junto com pacificadores de índios, à medida que construíam a estrada. A ideia da construção era abrandar as agruras enfrentadas pelas populações do Nordeste. Naquela ocasião, 28 milhões de pessoas da região enfrentavam grandes dificuldades causadas pela seca e pela pobreza. O governo passou a encorajar o deslocamento de nordestinos para a Amazônia. O temor com relação à imigração estrangeira foi também fator importante para a tentativa de aumentar a densidade populacional da região amazônica. O governo construiu habitações, escolas e instalações de saúde ao longo da rodovia, com a esperança de atrair a migração dos nordestinos. De início, estes últimos se animaram a partir como pioneiros, para trabalhar a terra e conseguir melhorar de vida. Depois de alguns anos, a empreitada fracassou e as comunidades foram abandonadas. Grandes extensões da rodovia estão hoje tomadas pela floresta.

Marinho não gostava que os generais dissessem o que ele deveria fazer, mas também não gostava dos comunistas. Ocorria que, na nossa estação de televisão, havia muitos comunistas, e os militares desejavam afastá-los; todavia, Roberto batalhou por sua permanência. Ele dizia aos generais: "Vocês tomem conta dos seus comunistas que eu cuido dos meus". Dias Gomes era comunista, como explica na sua autobiografia *Apenas um subversivo*. Todas as novelas que escrevia tratavam de temas sociais. Os militares tentavam estabelecer limites. Evidentemente, Dr. Roberto resistia, porque não admitia imposições. Costumava dizer: "Se vocês não me deixarem em paz, tiro a TV Globo do ar". Ou então: "Muito bem. Tirem-me do ar e vocês vão ver o que acontece". Os diálogos eram mais ou menos nesse tom.

Como interlocutor dos militares em Brasília, Dr. Roberto contava com Edgardo Erichsen, que tinha acesso a eles. Erichsen era respeitado pelos militares por ser realmente conservador, um homem muito severo. Ele falava exatamente o que os militares queriam ouvir, por isso era utilizado pelo Dr. Roberto para repassar suas mensagens na era brutal da ditadura.

No cômputo final, Roberto Marinho foi um pragmático. Mudava de posição de acordo com a direção do vento. Caso percebesse que a opinião pública caminhava em certo sentido que servisse aos seus interesses, alterava sua postura. Para exemplificar, ele lutava com todas as forças para que alguém como Leonel Brizola não fosse eleito governador do Rio de Janeiro; contudo, uma vez vencedor nas eleições, Roberto tentava entrar em tratativas com o eleito.

Por vezes, Dr. Roberto teve que negociar diretamente com os militares. Ele telefonava para o general Golbery, chefe da Casa Civil do presidente Geisel, ou outra autoridade qualquer, ou então a própria autoridade ligava para ele. A conversa podia ser sobre pontos de vistas diferentes; às vezes, até os militares não sabiam o que fazer, mas eles se julgavam os patriotas que deveriam proteger a sociedade brasileira. A maioria dos oficiais provinha da classe média; os de altas patentes eram muito bem preparados. Os militares não ganhavam bem, mas mesmo assim não se falava em corrupção praticada por eles. Eles eram bem diferentes dos militares argentinos, oriundos das classes altas. Diversos oficiais brasileiros fizeram carreira a partir das graduações inferiores. Muitos se formaram em engenharia, mas o Exército em si não era uma força combatente de expressão. Os militares brasileiros batalhavam pelo que acreditavam ser o melhor para o país. A segurança nacional e a economia desenvolvida eram objetivos que perseguiam com pessoas por eles indicadas. Quando perderam o controle da economia e não mais puderam manter o país com rédea curta, os militares retornaram aos quartéis. Não foram expulsos do poder. Simplesmente cansaram de governar a nação com a crescente oposição. A economia não ia bem e eles não estavam felizes com o rumo das coisas. Foi isso que resultou na mudança.

Uma das boas coisas que os militares fizeram, a meu ver, foi requerer que, nos anos eleitorais, dois meses antes da votação todas as televisões reservassem tempo para a propaganda política, duas horas por dia, uma de tarde e outra à noite. Durante aquelas janelas na programação era difundida sua propaganda, e os militares tentavam mostrar sua visão do Brasil. Felizmente, a prática perdurou depois que a ditadura militar acabou e o país voltou a ser uma democracia. Ainda hoje existem tais inserções políticas que não são vistas em outras democracias, como, por exemplo, nos Estados Unidos, onde os candidatos se esfalfam para conseguir recursos a fim de divulgarem seus programas políticos. No Brasil não é assim. Outro diferencial é que no Brasil o voto é obrigatório, o que também não é o caso na América.

Roberto Marinho era um homem corajoso. Carlos Lacerda, ex-governador do Rio de Janeiro, era uma figura muito carismática. Ele e Marinho foram outrora amigos do peito. Em 1962, Lacerda era francamente favorável à licença para que Marinho começasse a operação da TV Globo no Rio. Algum tempo depois, o Dr. Roberto comprou uma grande propriedade no Rio – o Parque Lage – local com certa importância histórica. Quando Marinho decidiu explorar comercialmente a propriedade, o governador Lacerda tombou o Parque Lage como monumento histórico e bloqueou o empreendimento, reduzindo assim seu valor potencial.

O resultado foi uma rivalidade ácida, com os dois lados se atacando mutuamente, em termos pessoais e profissionais. Lacerda vociferou contra a participação da Time-Life na TV Globo, como também contra outros aspectos particulares. Marinho, injuriado com os ataques contra a sua honra pessoal, ameaçou a vida de Lacerda. Quando cheguei ao Brasil em 1965, Marinho portava um revólver na cintura. Roía as cutículas das unhas até sair sangue. Correu o boato de que Marinho iria à casa de Lacerda para matá-lo. Este último, alertado, escapou antes que o desafeto chegasse. Por meses, o Dr. Roberto andou com aquele revólver. No final, acabou derrotando Lacerda no voto, pois, como já disse, o candidato por este apoiado para ser seu sucessor, Flexa Ribeiro, perdeu na eleição de outubro de 1965. O amigo de Marinho, Negrão de Lima, foi eleito novo governador do Rio. Lutar contra Marinho era perda de tempo.

Embora fosse um homem ligado ao negócio dos jornais, o Dr. Roberto entrou no da televisão por achar que ali estava o futuro das comunicações. Ele jamais olhou para um balanço ou um documento da área financeira. Não se dava ao trabalho de lê-los, simplesmente jogava sobre eles um olhar estático e passageiro. Todas as vezes em que eu precisava lhe mostrar alguma coisa relacionada a finanças, rabiscava dois ou três grandes números numa folha de papel e dizia: "Esses são os números e isso aqui é o que vai acontecer". Ele então perguntava: "É uma boa coisa a ser feita?" Eu respondia: "Sim", e ele arrematava: "Tudo bem". Ponto final. Ele não tinha o menor interesse por detalhes. Era um homem de grande visão.

Roberto Marinho foi um homem moderado e de gostos bastante simples, que não falava muito e jamais elevava o tom de voz; pelo menos eu nunca o vi falando alto. Ele preferia os encontros cara a cara; no máximo, com duas pessoas. Sentia desconforto nas reuniões com muitas pessoas. E também não era bom orador; raramente falava em público. Quando recebeu a premiação como Homem do Ano no Avery Fischer Hall, no Lincoln Center, em Nova York, tive que preparar seu discurso em inglês, que ele ensaiou incessantemente em casa. Fiquei atrás do palco para qualquer "eventualidade". Mas ele se saiu muito bem.

O Dr. Roberto era muito introspectivo; pouco dizia às pessoas porque, antes de tudo, era um ouvinte. Foi também um homem de palavra; quando a empenhava, não era necessário mais nada, documento escrito algum. Raramente sorria, quase nunca gargalhava, mas um sorriso seu representava aprovação. Nós dois nos demos excepcionalmente bem, em parte por causa de nossas personalidades. Acreditava e confiava em mim, o que eu muito apreciava porque poucas eram as pessoas em quem ele depositava confiança, mas quando o fazia, era para valer.

Só tivemos uma discussão, apenas uma. Quando Walter Clark deixou a empresa, chamei Paulo César Ferreira do Recife para o Rio, porque eu fizera certas mudanças na estrutura da equipe. Marinho me convocou ao jornal e disse: "Por que você chamou o Paulo sem me consultar? Por que mudou a estrutura? Você pensa que é um Rasputin?" Jamais me esqueci daquelas palavras. Respondi: "Não penso não. Fiz porque achei que era o melhor para a empresa.

Se o senhor não ficou satisfeito..." Uma troca de palavras um tanto áspera, já que a ocasião em que Walter foi despedido criou uma situação tensa e era necessário decidir como reorganizar as coisas. Ele ficou zangado comigo.

O Dr. Roberto era excelente avaliador de pessoas. Ele entendia o ser humano e fazia rápidos juízos de valor. Bastavam alguns minutos com alguém para ele concluir se servia ou não. A compreensão da natureza humana era um de seus grandes trunfos. E foi assim que ele me ajudou diversas vezes: houve oportunidades em que julguei que certas pessoas eram adequadas e ele não concordou; quase sempre tinha razão. Por exemplo: eu selecionava um novo diretor, um novo assistente, ele olhava e não gostava. Queríamos fazer negócios com alguém, ele dizia: "Não, esquece isso"; eu perguntava: "Por quê?", e ele só respondia: "Porque não quero". Eu sabia que ele não gostara da pessoa e julgara que não daria certo. Lembro-me de certa vez em que escolhi um diretor e ele disse: "Você quer realmente que ele trabalhe aqui? Tudo bem, Joe, mas digo a você que ele não é a pessoa certa para a função". Três meses mais tarde, não deu certo mesmo. Era um caso de intuição. As mulheres têm, normalmente, melhor sexto sentido do que os homens, mas ele, decerto, o possuía em grau elevado. Talvez fosse essa a razão de ele preferir os encontros frente a frente; não gostava de falar com muita gente ao mesmo tempo.

Roberto Marinho escolhia as pessoas certas, delegava tarefas, porque não podia fazer tudo, e confiava em nós. Sem entender de televisão, ele tinha mesmo que delegar, mas sempre dizia: "Deixem-me saber o que está se passando", principalmente no setor jornalístico. Pessoas de muito valor trabalhavam para ele no jornalismo, como Otto Lara Resende. Contava também com Nelson Rodrigues, admirável escritor. Evidente que existiam outras, como, por exemplo, Evandro Carlos de Andrade, brilhante jornalista de *O Globo*. Contudo, Marinho não abria mão do controle.

Poucos eram os seus amigos, mas fazia uma seleção bastante diversificada. O mais chegado era José Luiz Magalhães Lins, vice-presidente do Banco Nacional. Os militares tinham muito respeito por José Luiz, embora fosse um civil. O banqueiro sabia de muitas coisas da esfera militar, e Marinho aprendia com ele. Outro amigo próximo foi o advogado Luiz Gonzaga do Nascimento Silva. Marinho trabalhou bastante para que ele fosse nomeado ministro do Trabalho e da Previdência Social. Gonzaga, como era chamado, era excelente advogado, diga-se de passagem. Outro bom amigo que servia ao governo foi o ministro da Justiça, Armando Falcão, um homem da direita. Falcão ajudou-me a conseguir a cidadania brasileira.

Dr. Roberto tinha também amigos dos quais eu não gostava. Eu os encontrava em sua casa, quando oferecia jantares a políticos e outras personalidades e eu era convidado.

Havia pessoas que o Dr. Roberto dominava. Em particular, duas que eu considerava de altíssimo padrão – intelectuais, gente inteligente. Um deles era Otto Lara Resende; o outro, Nelson Rodrigues, para mim, dois brasileiros exponenciais. Era um tratamento de patrão para empregados, que só tinham que fazer o que ele determinava. Os dois demonstravam certa cerimônia, não vou dizer medo, quando conversavam com o chefe. Otto era um intelectual, uma pessoa maravilhosa, que captava tudo com muita rapidez; ele não desempenhava função específica, suas tarefas eram, por assim dizer, políticas: entendia perfeitamente a natureza humana. Escrevia os discursos e cartas para o Dr. Roberto; fazia estritamente o que o patrão queria; parecia mais um assistente, mas todas as pessoas recorriam a ele, sem exceção, porque era adorável e compreensivo. Uma verdadeira joia, só que subutilizada.

Quando a mãe do Dr. Roberto faleceu, D. Chiquinha, fomos ao cemitério. Na volta, Otto me disse: "Pobre Roberto, ficou órfão". A senhora morrera com 95 anos de idade! Otto era incrível mas Marinho pouco falava com ele, e acho que cometia um grande equívoco. Mais tarde, o Dr. Roberto chegou a admitir isso para mim. Quando Otto deixou o jornal, Walter Clark o colocou no ar fazendo noticiário televisivo; suas opiniões sempre foram bem recebidas e, por vezes, muito engraçadas. O governo lhe ofereceu o posto de adido cultural junto à embaixada brasileira em Portugal. O banqueiro José Luiz Magalhães Lins, que na época tinha um grande acesso ao governo militar, convenceu-o a aceitar a nomeação. Recordo-me de ter dito a ele: "Otto, não faça isso. Você é muito bom aqui. O público gosta de você. Fique na TV Globo porque seu futuro será melhor". Mas ele julgou ter que ir; sentiu-se honrado. Foi e desperdiçou por lá três ou quatro anos. De fato, arruinou uma grande carreira. Na volta, procurou-me: "Joe, eu devia ter seguido seu conselho". Seu filho, o economista André Lara Resende, de valor extraordinário, foi presidente do Banco Nacional de Desenvolvimento Econômico e Social (BNDES).

Nelson Rodrigues foi outro caso. Ele mais parecia um office boy no jornal. Trabalhava no mesmo escritório que o Dr. Roberto, muito espaçoso, por sinal, porém semelhante a um bazar. Nelson tornou-se no jornal o que Otto era na TV Globo, só executando coisas de pouca importância, escrevendo artigos ocasionais, por vezes contrários ao que pensava ou queria. Tenho a impressão de que Dr. Roberto o utilizava para coisas mundanas. Na minha concepção, homens do calibre de Otto Lara Resende e Nelson Rodrigues deveriam estar numa torre de marfim, para que as pessoas os consultassem e saciassem a sede em suas fontes de sabedoria.

A relação de Roberto com Boni foi formal. Suas personalidades eram completamente opostas, e o Dr. Roberto o tratava com certa dose de cerimônia. Aliás, era muito difícil tratar com Boni ou ter acesso a ele. Marinho me chamava e indagava: "Como vai o Boni? O que ele está fazendo?" Quando conseguiam se reunir, a conversa entre os dois não fluía. Ocasionalmente, Marinho convocava Boni, mas raramente o convidava para almoçarem sozinhos. O mais comum era almoçarmos juntos, Boni, eu e o Dr. Roberto. Também convidava Boni à sua casa em grandes recepções e jantares. Às vezes, ele dizia: "Me dou bem com o Boni, não é?" E Boni igualmente afirmava: "Me dou bem com o Dr. Roberto!" Mas o Dr. Roberto conhecia todos os nossos pontos, fortes e fracos.

Durante os primeiros dias, ele se queixava a mim sobre "essa gente de pijamas trabalhando na estação de televisão", porque no jornal todos usavam terno e gravata. Certa vez, me disse: "Joe, não gosto da maneira como as coisas correm frouxas na televisão. Estou pensando em intervir na TV Globo. Talvez eu deva mandar Graell para lá". Francisco Graell era o gerente-geral do jornal, um homem de meia idade que usava meias brancas com terno e gravata. Então eu disse: "Muito bem. Mande o Graell. Eles vão fazer picadinho dele". E Marinho sabia que isso era verdade. Mas sempre gostou de agir assim, ameaçando; porém, no fundo confiava em nós e nos deixava fazer o que era necessário. No entanto, quando a TV Globo cresceu mais do que o imaginado, Marinho começou a receber elogios e entendeu de fato o significado daquilo tudo. O Dr. Roberto sempre asseverou que fora o jornal que erigira a rede de televisão, mas, na realidade, foi exatamente o contrário.

Marinho não dava importância ao dinheiro. Ele não ganhou um só centavo da TV Globo antes de 1976. Nada. Sofremos um bocado depois que demos fim à nossa relação com a Time-Life em 1970. Passamos por quatro anos difíceis, saldando as dívidas enquanto buscávamos a expansão: Brasília, Recife e interior de São Paulo. Tudo isso aconteceu de 1970 a 73. Tempos duros. Então, quando conseguimos finalmente respirar um pouco, a primeira coisa que sugeri a Marinho foi um plano de seguro de saúde para todos os empregados e suas famílias, atitude bastante inusitada naquela época. Ele indagou: "Você pensa que temos recursos para fazer isso?" Mas acabou concordando, e passamos a ser vistos como bons empregadores. Ele endossava quase tudo que eu levava à sua consideração, e era eu quem, normalmente, apresentava os assuntos para ele decidir.

Tempos depois, quando a situação melhorou, introduzimos um plano de bônus para os 15 executivos do topo porque a empresa começara a fazer dinheiro. Propusemos 5% dos lucros para tais pessoas. Então, tentei convencer o Dr. Roberto a aceitar a proposta, apesar de ele não retirar um só centavo da televisão. Ele concordou, ainda que todos acreditassem que desejava todo o lucro para si mesmo. Mas ele gostava era de ser o dono. Fazia parte de sua personalidade. Desde que soubesse que o controle estava em suas mãos, o Dr. Roberto podia ser muito generoso. Todos os que dirigiam a TV poderiam levar suas vidas sem se preocupar com dinheiro, por isso ficaram muito agradecidos a mim. O salário total do Boni era baseado nos resultados, ou seja, uma percentagem sobre os lucros. O acordo era conveniente e Boni ganhava um bom dinheiro, mas a fonte era só aquela. Meu salário e o de Walter, valores consideráveis, eram quantificados como percentuais das vendas; foi uma decisão do Dr. Roberto depois que aprovou a participação nos lucros para os demais executivos.

Roberto sempre trabalhou no escritório do jornal, no Centro, onde se sentava num velho sofá existente no imenso cômodo. A secretária, Dona Ligia, trabalhou com ele por anos e anos. O assistente, Vitório, ficava num dos cantos da sala, e sua mesa vivia apinhada de papéis. Todos no mesmo escritório. Marinho recebia os visitantes também ali, sentado no sofá. Era frequente a visita de dignitários e personalidades mundiais. Antes de eu chegar ao Brasil, já haviam sido recebidos o ex-presidente Eisenhower e Fidel Castro.

Certa vez, o presidente da Sony foi ao escritório. Ele ainda era o *chairman* do Conselho de Administração, mas já não trabalhava ativamente na empresa. Estava envolvido no seu país com um projeto de educação de crianças com menos de dois anos, porque acreditava ser essa a idade em que elas mais desenvolviam sua capacidade mental. O japonês inventava brinquedos e livros para as crianças, uma atividade bastante incomum; era um hobby ao qual passou a se dedicar quando se afastou do dia a dia da empresa. Lembro-me de que, entre outras coisas, ele trouxe – hábito usual dos nipônicos – um delicado e valioso presente para o Dr. Roberto, que não tinha coisa alguma para retribuir, pois nunca pensávamos nesses detalhes. Ele era assim mesmo. Surpreso, examinou o presente e, com certeza, ficou matutando sobre o que fazer.

Aconteceu de ele ter recebido, algum tempo antes, certa quantidade de balas de um nipo-brasileiro de São Paulo. Eram balas diferentes, gelatinosas e enroladas num tipo de celofane que podia também ser ingerido; tinham diversos sabores e eram deliciosas. Roberto gostara das balas e pedira ao homem de São Paulo que lhe mandasse uma caixa; depois do almoço, ele ocasionalmente chupava um ou dois daqueles confeitos.

Estávamos então no escritório, com o presidente da Sony, e o momento era algo incômodo, pois um presente fora ofertado e não havia como retribuir. Roberto não teve dúvida: esticou o braço para trás, pegou o vidro com as balas e disse: "Estas são balas especiais feitas por um nipo-brasileiro de São Paulo". Quase me enfiei pelo chão porque não acreditava que ele ia fazer aquilo, mas não havia alternativa. E o vidro foi passado às mãos do visitante. Em consequência do educativo incidente, decidimos manter no escritório algumas lembranças para presentear os dignitários que chegassem em visita.

Evidentemente, todos os diplomatas brasileiros e detentores de altos cargos o visitavam. Acho até que, em determinado momento, Marinho poderia ter se candidatado a presidente do país, mas ele era uma pessoa modesta e creio que detinha muito mais poder *não* sendo presidente. Ocasiões existiram em que Roberto Marinho passou a impressão de ser verdadeira eminência parda.

O escritório dele não tinha nada de elegante, e a audição no seu ouvido esquerdo, como já mencionei, era deficiente, problema que tenho também. Sabedor disso, eu me colocava à sua direita. Ele se sentava na extremidade direita do sofá, de modo que o interlocutor falasse para seu ouvido direito; parecia olhar sempre para a parede em frente enquanto conversava, sem encarar a outra pessoa, e sua postura era essa com todos os visitantes, mesmo que fosse o presidente da República. Durante os primeiros anos, nosso almoço era no *Globo*. Havia um refeitório para todos os empregados. Existia também um pequeno apartamento, no último andar do prédio, onde Marinho às vezes tirava uma soneca.

Roberto Marinho era capitalista convicto, como um americano. Não acreditava no comunismo ou no esquerdismo. Ele tinha confiança nos Estados Unidos e gostava do país. Achava que a América era exemplo a ser seguido pelo Brasil. Um sentimento genuíno.

Em meio a muitas pessoas, Roberto Marinho, em princípio, ficava acanhado e calado. No meu quinquagésimo aniversário, organizei uma recepção no meu apartamento de Ipanema. Muita gente compareceu, e todos se divertiram. Ele entrou com Dona Ruth, sua segunda mulher, sentou-se quieto num canto e falou pouco. No início de nossa relação, a conversa de meus convidados com ele era formal e limitada. Depois, começou a frequentar minha residência mais amiúde. No Natal, eu reunia artistas e outras pessoas conhecidas. Numa dessas reuniões natalinas, por exemplo, as pessoas vinham vestidas de vermelho e branco; noutra, as cores eram azul e amarelo. O Dr. Roberto comparecia, e foi se soltando aos poucos. Fiz 50 anos em 1973; cerca de cinco anos depois – por volta de 1979 –, ele já estava mudado. Chegava de vermelho e branco e se mostrava bem mais sociável. Admirava os artistas por adorar novelas: sentava-se todas as noites em casa para assisti-las. Quando se encontrava com Tarcísio Meira, agia como fã, embora ele fosse seu empregado. Envolvia-se com os enredos das novelas, e chegava a dar opiniões sobre eles. No entanto, no setor do jornalismo, quando não gostava de alguma coisa manifestava logo seu desagrado ao diretor, Armando Nogueira.

Vivia repetindo para mim: "Nunca tivemos uma briga, não é Joe?" E ele mesmo completava dizendo não, mesmo depois de tantos anos de convívio. E estava certo. Quase nunca discutimos. Incrível. Só tivemos uma desavença, aquela já descrita. Depois que deixei a TV Globo, durante pelo menos dois anos, sonhei com o Dr. Marinho quase todas as noites, porque ele foi parte muito integrante de minha vida. Almoçávamos juntos quase todos os dias, em particular depois que Walter foi embora. Nós dois gostávamos de peixe grelhado. Sempre cuidei de minha saúde; ele também. Éramos muito chegados um ao outro. Não era necessário dizer muita coisa para que eu logo percebesse o que queria, e ele igualmente me entendia. Depois de sair da TV Globo, visitei-o sempre que viajei ao Brasil, o que aconteceu quase todos os anos. Infelizmente, nos últimos anos ele já não passava bem, mas me reconhecia e conversávamos. Prezei bastante, e prezarei para sempre, a confiança do Dr. Roberto. Ainda guardo comigo um dos muitos relógios com que me presenteou. Éramos, de fato, muito amigos.

Roberto Marinho foi um genuíno patriota e um grande líder. Ele criou a moderna televisão brasileira. Sua influência e sua contribuição serão lembradas para sempre. Foi um privilégio trabalhar ao seu lado durante vasto período de tempo de nossas vidas. Éramos bons amigos, e sinto muita falta dele.

III
ORGANIZANDO A TV GLOBO

A TV Globo foi inaugurada, ao som do Hino Nacional, às 11h do dia 26 de abril de 1965. Rubens Amaral, oriundo da Rádio Globo, era o diretor-geral da emissora, e permaneceu ali até janeiro de 1966, quando foi substituído por Walter Clark. A estratégia original de programação foi armada por Abdon Torres, ex-coronel do exército que fora diretor de Programação de uma emissora carioca chamada TV Continental, o canal 9 da época. Pouco antes da inauguração ele deixou a Globo e teve como substituto o publicitário Mauro Salles, que até então era diretor de Jornalismo. Em setembro de 1966 Salles foi substituído no cargo por Armando Nogueira.

Quando cheguei, Abdon Torres já tinha saído da Globo. Na área técnica, a estação de TV estava bem implantada. Contávamos com o general Lauro Augusto de Medeiros, um homem bem informado que sabia o que fazer. Ele tinha como assistente, desde 1963, o capitão Herbert Baptista Fiuza, e também o engenheiro René Xavier dos Santos. A TV Globo se encontrava muito bem equipada quando foi para o ar.

Ainda assim, ela estava no último lugar em índices de audiência, e tudo parecia muito desorganizado. A programação incluía uns poucos shows locais. Havia dois programas infantis, *Uni-Duni-Tê* e *Capitão Furacão*, entremeados por desenhos de Hanna Barbera ao meio-dia.

Dos 700 empregados, 70 faziam parte de uma orquestra sob contrato. Ela executava música sinfônica nas manhãs de domingo. Mas o grande orgulho de Rubens Amaral era um programa chamado *Viva a Música*, quando a orquestra acompanhava cantores individuais, ou um coro que lia as letras enquanto cantava. Tratava-se de um programa ao vivo, das oito às nove e meia da noite. Amaral levava Roberto Marinho até nossos estúdios e dizia: "Sente-se, Roberto, não é uma beleza?" Dr. Roberto adorava a música e a execução da orquestra. Evidentemente, os músicos ensaiavam à tarde. Custava uma fortuna, mas ninguém parecia se importar.

A maior parte do horário nobre era preenchida com programas americanos do tipo *The Beverly Hillbillies, Gunsmoke, Have Gun, Will Travel* e todos os tipos de comédias como *Mr. Ed, Bewitched* e *I Dream of Genie*. Essa era a grade da programação da Globo àquele tempo. Além dela, a direção comprava uma grande quantidade de filmes já exibidos nos cinemas; ela tentava operar ao modo americano, mas a compra da programação importada custava muito dinheiro. A Globo devia perto de um milhão de dólares de contratos assumidos com os distribuidores da América, como Jorge Adib, da CBS, Hélios Álvarez, da Screen Gems, e Elie Wahba, da Fox. Os representantes brasileiros da indústria cinematográfica dos Estados Unidos vinham ao Rio para vender os filmes.

A receita não era grande porque a TV Globo era uma estação jovem. Para aumentá-la fazia-se necessário conseguir audiência, e a Globo ocupava o quarto lugar no Rio. *The Beverly Hillbillies*, em pleno horário nobre, tinha só um ponto de audiência, ao passo que a estação líder tinha 30. É claro que havia algo errado, e achei que a única maneira de obtermos melhores índices seria tentar uma programação semelhante às das estações bem-sucedidas.

Não existiam controles. Victor Pareto era o diretor administrativo, um homem firme e bem organizado, porém a situação estava difícil, e ele vivia correndo atrás de dinheiro. Não tinha capital nem para a folha de pagamento; toda semana me procurava em busca de recursos para pagá-la. Lá ia eu para o National City Bank, no centro da cidade, conseguir a quantia da Time-Life, em Nova York. Pagávamos o pessoal semanalmente, mas depois ganhamos algum espaço de manobra quando passamos a pagar de duas em duas semanas.

Vivíamos uma época drasticamente diferente da atual. A ideia de administração ainda era muito frágil no Brasil. De um modo geral, as pessoas estudavam Direito – todo o mundo parecia ser advogado –, poucos eram especialistas em administração de empresas; em função de tal carência, os tesoureiros assumiam a função. Tudo era feito à mão. Não havia orçamento. As pessoas diziam: "O quê? Um orçamento?" Eu ia ao departamento de vendas e indagava: "Quanto vocês acham que venderemos no mês que vem?"

Eles não tinham a menor noção de quanto venderiam. Ninguém sabia sobre os custos; a desorganização era grande.

No começo, tentei entender como as coisas eram feitas no Brasil. Percebi que seria inútil a tentativa de mudar alguma coisa, ninguém executaria nada, de modo que dancei conforme a música: o que eles fizessem, eu faria também. Aos poucos, comecei a dizer: "Muito bem, vamos tentar isso ou aquilo". A resistência foi grande. Em primeiro lugar, eu era estrangeiro; em segundo, minhas ideias eram difíceis de implantar. Finalmente, certo dia, fui direto ao ponto: "Vamos ver, isso aqui custa 'x', suponho, e estamos perdendo dinheiro aqui, 'x' por mês". A reação foi: "Como você sabe disso? Isso não existe". Expus a noção de orçamento, e eles não gostaram nem um pouco. Expliquei: "Temos que ter uma ideia do que vai acontecer". A resposta: "Não, não, porque nosso negócio é show". Walter costumava dizer: "A única maneira de fazermos mais dinheiro é gastando mais dinheiro". Perplexo, respondi: "Não entendo. O que você quer dizer?"

Chacrinha, por exemplo, estava na TV Excelsior. Ele ganhava vinte. Então chegava a TV Rio e oferecia trinta e cinco. Chacrinha ia para lá. E depois vinha a nossa vez de oferecer cinquenta. As estações faziam quaisquer ofertas para contratar aqueles que conseguiam índices de audiência. E surgia a justificativa: "Como poderemos fazer um orçamento se não sabemos quanto vai custar a operação da emissora?" Batalhamos por anos para que os orçamentos fizessem sentido. Era muito difícil implantar o conceito de orçamento. Foi essa a grande luta entre nós. Tudo o que eles queriam era índice de audiência. Realmente, a estação não funcionava como uma empresa, nada era feito como tal.

Na Globo só se pensava em transmitir shows. Todos se concentravam no programa, a correria era grande, e o show saía. Ensaiavam por algumas horas e o programa ia para o ar, a maioria ao vivo. O ensaio acontecia à tarde para o show ser transmitido na mesma noite. Naquele tempo, a estação não tinha muitos recursos para gravação. Isso só veio a ocorrer em 1966. Portanto, foi muito difícil organizar aquele grupo.

SÃO PAULO E WALTER CLARK

Quase um ano antes de eu chegar, em setembro de 1964, Roberto Marinho comprou uma estação de televisão em São Paulo, chamada TV Paulista, que fazia parte do espólio de Victor Costa. Ele a comprou por iniciativa própria, sem consultar a Time-Life, embora fossem parceiros no Rio! Pagou pouco porque não tinha muito dinheiro. Não sei quanto. De qualquer maneira, ele fez a compra e, depois, comunicou à Time-Life o que tinha feito. No final, a empresa americana arranjou a quantia, que foi incluída no acordo existente. Em outubro de 1965 fui a São Paulo para ver a estação, que não era lá essas coisas.

A compra em São Paulo incluía o arremedo de estação de televisão e duas estações de rádio. A de televisão caía aos pedaços. Desde que Marinho fez a aquisição, ninguém das Organizações Globo tinha ido lá, até que fui visitá-la, passado mais de um ano da compra. Quando cheguei, fiquei horrorizado. Foi como entrar num asilo para pessoas idosas. Os empregados pareciam estátuas. Vários estavam presentes mas faziam pouquíssimas coisas, ficavam apenas sentados em suas mesas. A impressão era de que nada ocorria e ninguém tinha condições de me dar qualquer informação. Perguntei pelo engenheiro-chefe e me disseram: "Ele não está. Não vem". Plínio era seu nome; era pago, porém não aparecia para trabalhar. Outros empregados também só vinham no dia do pagamento.

A programação local era muito fraca, e os índices de audiência, minúsculos. A cobertura da cidade de São Paulo era apenas parcial. O único programa que conseguia algum índice durava oito horas e ia ao ar aos domingos; ele era feito por Silvio Santos, durava normalmente do meio-dia às oito da noite, e Silvio não nos cobrava um tostão sequer. Era ele quem produzia e dirigia o programa, além de ser sua principal atração. Vendia os comerciais, fazia bom dinheiro, e não tirávamos proveito algum. Existia um pequeno auditório no térreo do antigo prédio. Os assentos tinham a disposição de um teatro e Silvio providenciava o público presente. Além dos comerciais, ele possuía um negócio chamado *Baú da Felicidade*.

Silvio também comandava um programa de rádio em nossa estação, a Rádio Nacional, em São Paulo, líder em audiência. A rádio fazia algum dinheiro, pois também difundia novelas radiofônicas. As pessoas chegavam e se sentavam no pequeno estúdio da rádio, quase do tamanho de um escritório normal, e ficavam ali sentadas, apreciando as falas dos atores. Era muito engraçado. A outra estação de

Cedoc/TV Globo

Com Boni, Roberto Irineu e Dr. Roberto no gabinete da presidência da TV Globo, década de 1970

Sábado à tarde no pátio do meu apartamento em Ipanema (1967). Em pé, da esquerda para direita: John Baldwin, engenheiro da Time-Life, eu, Walter Clark e Boni. Sentados: José Ulisses Arce e Armando Nogueira

Executivos da Globo desembarcam em Buenos Aires, no início da década de 70, para uma reunião sobre Fórmula I. Da esquerda para direita, João Carlos Magaldi, José Octavio Castro Neves, José Ulisses Arce e Raimundo Nonato Pinheiro

Com Dinah Shore, na ocasião em que a cantora americana participou do Festival Internacional da Canção, no Iate Clube do Rio de Janeiro, em outubro de 1968

Com Boni e Walter Clark, recebendo duas novas máquinas de videoteipe Ampex em 1973

Com Roberto Marinho a bordo do seu iate Tamarindo; Angra dos Reis, 1979

Da esquerda para a direita, em pé: Walter Clark, eu, Boni, Borjalo, Arce. Sentados: Walter Sampaio, Renato Pacote, Armando Nogueira e Clemente Neto; 1975

Com Jorge Adib, em minha casa, no Natal de 1978. Ao fundo, Ernesto Amazonas

Com Dr. Roberto em minha casa no Rio, no Natal de 1978

Com Otto Lara Resende, na mesma festa

Acervo Roberto Marinho/Memória Globo

Com Dr. Roberto e Peter O' Leary, presidente da ABC, em outubro de 1979

Alcyr Cavalcanti/ Agência O Globo

No Natal de 1979 com Roberto Marinho, Tarcísio Meira e Glória Menezes

Acervo Roberto Marinho/Memória Globo

Na sala do Dr. Roberto, na TV Globo, com a comenda da Ordem do Mérito que recebi em Brasília na década de 70

Antonio Guerreiro

Com meus filhos Lorraine — mãe de minha primeira neta, Felícia —, Olenka e Arthur, em minha casa em São Conrado, no Rio de Janeiro; dezembro de 1975

Com Frank Sinatra em jantar no Rio Palace Hotel, janeiro de 1980. Na ocasião ele cantou para 140 mil pessoas no Maracanã, a maior audiência de sua vida, e passou uma semana no Rio com a mulher, Barbara, e vários amigos

Acervo Roberto Marinho/Memória Globo

Com Dr. Roberto em fotos comemorativas pelos 15 anos da Rede Globo, em 1980

Com Nelson Sirotsky, João Roberto Marinho e Pedro Sirotsky numa reunião da TV Gaúcha, na década de 80

Acervo Roberto Marinho/Memória Globo

Em Angra, recepcionado por Dr. Roberto no pier de sua casa, na década de 80

Com Boni em Angra dos Reis, janeiro de 1980

Acervo Roberto Marinho/Memória Globo

Com Roberto Irineu, Dr. Roberto e Boni num jantar com o elenco da TV Globo, no restaurante Hippopotamus; Rio de Janeiro, 1980

Acervo Roberto Marinho/Memória Globo

Com o *chairman* da Sony e Dr. Roberto, 1978

Acervo Roberto Marinho/Memória Globo

Com Larry Stewart, presidente da Academy of Television Arts & Sciences, dos Estados Unidos, e Dr. Roberto, na recepção que o último ofereceu em sua casa; década de 80

Acervo Roberto Marinho/Memória Globo

Com ele no Giardino, restaurante de propriedade do Boni, Rio de Janeiro, em 1980

Com o Dr. Roberto e José Aleixo, diretor financeiro da Rede Globo; década de 90

Eurico Dantas/ Agência O Globo

Monitorando os programas da Globosat, 1992

Fotos Antonio Kämpffe

Doreen e eu com nossos amigos e anfitriões Ronald e Henriqueta Levinsohn, em sua casa na Gávea; maio de 2011

Com José Aleixo, Jorge Adib, Boninho, Adilson Pontes Malta, Roberto Buzzoni, Daniel Filho, João Araújo e Antônio Carlos Yazeji no mesmo almoço em minha homenagem

Fotos Antonio Kämpffe

Com Walter Sampaio, ex-assessor da diretoria para importação de equipamentos da Rede Globo; maio de 2011

Com Boninho, Doreen Wallach, Daniel Filho e Olívia Byington na mesma acasião

rádio, a Excelsior, em geral transmitia música americana gravada em discos.

Quando me inteirei do que se passava, achei que nada poderíamos fazer. Eu estava pronto para voltar ao Rio e dizer à Time-Life que seria melhor fechar tudo aquilo, porque não via como, sob quaisquer circunstâncias, aquele negócio poderia prosperar. Eu me mantinha em contato com a Time-Life enviando cartas semanais. Depois de ver a operação em São Paulo e constatar suas péssimas condições, julguei que deveríamos deixar a associação com a Globo. Estava disposto a dizer ao pessoal da Time-Life e a Roberto Marinho que a situação era tão sombria que não havia perspectiva de concorrer com os outros. Imaginei que seria conveniente acabar com a parceria, dar um fim à participação, porque ao custo de 250 mil dólares por mês... Para ser honesto, eu não alimentava qualquer esperança, pelo menos do ponto de vista pelo qual eu via o que se passava no momento.

Em São Paulo, conheci uma das pessoas que nos supria com filmes americanos, porque a empresa tinha sede na cidade. Seu nome era Hélios Álvarez, um americano de origem porto-riquenha que representava a Screen Gems; pessoa muito agradável que nascera na Espanha mas crescera em Porto Rico e no Bronx. Conversei com ele e disse: "Rapaz, a coisa está feia". São Paulo era o centro das vendas e as Organizações Globo não tinham lá um só representante. Ninguém vendia em São Paulo. Perguntei-lhe se podia recomendar alguém. Ele respondeu: "Joe, existe um cara aqui que é um grande vendedor; trabalha para a TV Rio e seu nome é Roberto Montoro. Ele é realmente bom, mas não sei se você poderá contratá-lo". Pedi-lhe então que marcasse um encontro.

Foi assim que conheci Roberto Montoro em São Paulo: um homem baixo e encorpado, com uma das pálpebras caída sobre o olho. Disse-lhe que precisava de um representante de vendas e indaguei se ele estava interessado. Ele respondeu: "Não sei, depende. Se eu for, gostaria de levar um homem que trabalha comigo, Walter Clark. Ele é um bom menino e está encarregado das vendas e da programação no Rio. Irei se puder levá-lo. Tenho que falar com ele; talvez trabalhemos juntos". Voltei ao Rio de Janeiro um pouco mais animado, pensando que algumas vendas em São Paulo poderiam nos tirar daquela situação. São Paulo era responsável por enorme parcela do PIB brasileiro e 70% de todas as campanhas publicitárias de vendas pela televisão saíam de lá. Provavelmente isso seja verdade ainda hoje. Era de lá que vinham as receitas.

Naquela época, eu não tinha autoridade para contratar pessoa alguma. Rubens Amaral nem sabia que eu fora a São Paulo. Ninguém sabia o que eu fazia. As pessoas diziam à boca pequena: "O americano que está lá não vale nada". Por falar nisso, antes de Catá ir embora fui almoçar com ele, Rubens Amaral e Jorge Adib, que representava a CBS. Adib falava inglês muito bem. Enquanto almoçávamos no Castelinho, próximo ao Barril 1800, Jorge Adib, diretor da CBS, que vendia filmes e era nossa credora, contou-me como Amaral, falando em português enrolado, costumava zombar de mim na frente dos outros, inclusive de Catá.

Mas eles não sabiam que eu fora a São Paulo só para tentar descobrir o que ocorria. Portanto, voltei ao Rio e fiquei calado. Então, em determinado dia, Montoro e Clark combinaram uma reunião no meu apartamento da rua Rainha Elizabeth 485, em Copacabana. Era um lugar acanhado, e o quarto era pintado de preto. Mario Agostinelli, do Peru, tinha sido o proprietário do apartamento; tratava-se de um grande escultor que se tornara famoso no Brasil. Eu não o conhecia naquele tempo, só alugava o apartamento, e a Time-Life pagava o aluguel. Provavelmente custava 500 dólares por mês. Estava eu em casa quando os dois chegaram. Foi a primeira vez que vi Walter Clark, e meu português era bastante rudimentar. A despeito do sobrenome, Walter não falava inglês. Um de seus bisavôs era americano e servira na US Navy. O nome completo de Walter era Walter Clark Bueno. Isso foi no início de novembro de 1965.

Clark queria sair da TV Rio porque estava insatisfeito com a maneira pela qual seu dono, Pipa Amaral, o tratava. Com meu português arrevesado, tentei explicar o que gostaria que fizesse e perguntei se ele estava disposto a trabalhar conosco. Disse-lhe: "A Time-Life é uma grande organização, e estamos planejando fazer grandes coisas". Exagerava um pouco ao dizer que éramos uma grande organização e podíamos fazer grandes coisas. Eles só escutavam.

A TV Rio ocupava o primeiro lugar nos índices de audiência. Sua novela *O Direito de Nascer*, das 21h30, era um clássico. Walter permaneceu sentado e ouvindo, então arrematei: "Como é, rapazes, estão interessados?" Continuamos a conversar. Eles estavam em dúvida, então eu disse que falaria com Roberto Marinho. "Vocês gostariam de um encontro com ele?" Concordaram. Fui ver o Dr. Roberto no jornal. Sentei-me com ele e disse: "Conheci essas duas pessoas e elas talvez se interessem em vir para cá. Seus nomes são Roberto Montoro e Walter Clark". Quando falei aquilo Roberto Marinho olhou pela primeira vez para mim; estava encarando a parede. "Walter Clark? Como você conheceu Walter Clark?" Ele estava absolutamente atônito. Perguntei se ele se encontraria com os dois, e a resposta foi: "É claro".

Combinamos a reunião na casa de Roberto Marinho para o dia seguinte. O Dr. Roberto não os conhecia. Já ouvira falar muito de Walter Clark mas jamais se encontrara com ele. Sabia que o rapaz fazia parte da concorrência. Para Marinho, Walter era um rapaz, pois tinha apenas 27 anos e aparentava 21. A conversa fluiu na reunião, porém Marinho e Montoro pareceram não se entender muito bem. O Dr. Roberto gostou de Walter Clark. Terminado o encontro, eu disse aos dois que manteria contato.

Mas fui então acometido de pleurisia. Tive que ficar deitado no apartamento – mal podia andar – porque meus pulmões estavam afetados. Fui internado no Hospital dos Estrangeiros, que existia no Rio àquela época. O doutor receitou antibiótico. Fiquei acamado todo o fim de semana, e sozinho. Quando não se domina o idioma, a última coisa desejada é falar ao telefone, mas recebi uma chamada de Walter Clark, que estava em Petrópolis. Ele disse: "Não sei. O Montoro não gosta da ideia de ir para a Globo, mas se, por qualquer motivo, ele não for, ainda estou interessado".

Foi o que pensei ter entendido. Respondi que era ótimo e que quando voltasse ao Rio deveríamos nos encontrar. E ele apareceu para me visitar naquela mesma semana, na companhia de José Octávio Castro Neves, um amigo de infância. Clark disse: "Se eu for, ele tem que ir comigo". José Octávio era seu gerente local de vendas na ocasião.

Começamos a conversar sobre o tipo de contrato que poderia funcionar, e chegamos a um acordo: um salário pequeno, com o qual poderia viver, mais 1% das vendas. Em gritante contraste, o gerente de então da TV Globo, Cerqueira Leite, ganhava 5% sobre as vendas. Clark disse: "Tudo certo, mas só se o José Octávio também for". Ele não tinha certeza sobre a atitude de Roberto Montoro. Entrei em contato com Roberto Marinho, que concordou: "Ótimo Joe, vamos contratá-lo". Em seguida, o Dr. Roberto deu conhecimento de tudo aquilo a Rubens Amaral, que não sabia de nada.

A cena seguinte passou-se no meu pequeno apartamento da Rainha Elizabeth, no dia 2 de dezembro. Lá apareceram Roberto Marinho, acompanhado de Vitório, seu assistente, e Rubens Amaral com uma diminuta máquina de escrever. Estavam também presentes Walter Clark e Roberto Montoro. Rubens Amaral datilografou o contrato para Clark e Montoro ali mesmo, no meu apartamento!!! Clark foi contratado como diretor-executivo, subordinado a Rubens Amaral, que era o diretor-geral. O acordo foi assinado no ato, e Walter e Montoro deveriam começar a trabalhar na segunda-feira seguinte, 6 de dezembro. Dois dias mais tarde, recebi um telegrama de Wes Pullen: "Parabéns pelas últimas iniciativas PT Você deveria ter pleurisia com mais frequência". Depois de contratarmos Walter, no início de dezembro, eu e Roberto Marinho passamos a atuar em maior sintonia.

Nem bem melhorara meu estado de saúde, recebi uma chamada de San Diego: minha mulher e minha filha mais nova haviam sofrido um acidente num carro de golfe. Eles tinham por lá uns carros grandes e motorizados de golfe; minha filha quis dirigir um deles, o carro capotou e ela sofreu concussão cerebral, ficando hospitalizada e inconsciente por algum tempo. Portanto, tive que viajar de imediato para San Diego. Walter Clark e José Octávio me levaram ao aeroporto. Graças a Deus, minha filha se recuperou. A viagem foi rápida. Quando retornei ao Rio, a turma toda estava me esperando no aeroporto do Galeão, inclusive Walter e José Octávio. Isso deve ter sido em meados de dezembro. Em janeiro, minha família juntou-se a mim no Brasil.

Com Walter, Montoro e alguns outros profissionais, organizei um orçamento sobre nossas necessidades. Ato contínuo, escrevi uma carta para a Time-Life dizendo que precisávamos de 1 milhão e 250 mil dólares, a serem desembolsados entre dezembro e junho de 1966, quando esperávamos estabilizar as finanças. Bem, foram necessários quatro anos, até 1970, para que atingíssemos aquela meta.

TELEVISÃO NO BRASIL: A CONCORRÊNCIA

Quando a Globo entrou no ar e eu cheguei ao Rio de Janeiro, a televisão no Brasil era muito provinciana. Salvo os Diários Associados, na maioria as estações eram propriedades de famílias e cobriam cidades individuais. Muitos dos que nelas trabalhavam tinham sido donos ou operadores de emissoras de rádio. Rio e São Paulo, os mercados predominantes, tinham estações que, em geral, transmitiam seus próprios programas locais, e tendiam a ser rudimentares. As pessoas achavam que os gostos dos telespectadores de São Paulo eram diferentes dos do Rio. Os clientes por vezes preparavam seus próprios comerciais e as estações os transmitiam de acordo com as vontades deles. Não eram incomuns comerciais de três minutos. Às vezes, uma hora de transmissão tinha em média 38 minutos de programas e 22 de comerciais. Muitos dos programas eram passados apenas em determinada cidade, ocasionalmente atingiam cidades próximas ou subúrbios mediante retransmissores. Os anunciantes locais selecionavam as emissoras que lhes garantissem o maior tempo de comerciais, a preço fixo. O pessoal de vendas das estações em geral recebia 5% de comissão, mas se dispunha a fazer abatimentos sobre os preços estabelecidos, de modo a ficar com mais dinheiro. O pequeno mercado publicitário era distribuído entre muitas estações.

Os anunciantes de âmbito nacional, como a Colgate Palmolive ou a Proctor & Gamble, empregavam suas consideráveis verbas publicitárias para patrocinar novelas e shows de rádio e, subsequentemente, de televisão, e procuravam fazer permutas com as emissoras do país, uma vez que eram ávidas por conseguir boa publicidade a baixo custo. Um exemplo clássico era um noticiário famoso, *Repórter Esso*, pago e patrocinado por uma companhia estrangeira de petróleo e transmitido pelas estações dos Diários Associados. Sempre existia uma corrente política que julgava indesejável a influência que essas companhias estrangeiras poderiam ter sobre a programação por elas patrocinadas. Em 3 de janeiro de 1966, a TV Globo começou com o *Ultranotícias*, que ia ao ar todas as noites após o *Repórter Esso* e era patrocinado por uma companhia local de gás, a Ultragás. A audiência do *Repórter Esso* passou a declinar depois de muitos anos de domínio.

A medida dos índices de audiência naquele tempo era bastante precária. O principal serviço utilizado pelas estações e anunciantes para tal medida era – e ainda é até hoje – prestado pelo Instituto Brasileiro de Opinião e Estatística (Ibope), propriedade particular da família Montenegro. Até 1969, entrevistas diárias eram conduzidas, fisicamente, nas residências dos telespectadores por um grande número de entrevistadores.

Quando cheguei ao Brasil, os Diários Associados, cujo dono era Assis Chateaubriand, estavam espalhados pelo país, com estações de televisão em 16 cidades. O controle exercido era estrito, e eles também detinham todo o poder econômico existente na televisão brasileira. Chateaubriand possuía igualmente muitos jornais e uma revista importante, *O Cruzeiro*. A organização era forte. Eles contavam com a estrutura de uma rede de televisão. No entanto, os diretores das cidades importantes dirigiam suas emissoras como se fossem centros independentes de produção. João Calmon, que, nominalmente, era o presidente do grupo e também deputado federal, dirigia a TV Tupi no Rio. Em São Paulo,

Edmundo Monteiro, importante e poderosa figura local, ditava à sua maneira os destinos da TV Tupi de lá. A TV Itacolomi, em Belo Horizonte, era o feudo de Paulo Cabral, também diretor da estação e personalidade proeminente no estado de Minas Gerais. Dizia-se que a estação de Belo Horizonte lucrava bastante. Os outros grandes centros eram a TV Piratini, em Porto Alegre, a TV Salvador, na capital da Bahia, e a TV Rádio Clube, no Recife. Cada emissora tinha autonomia para transmitir a programação que desejasse de modo a satisfazer os mercados locais, bem como adotava procedimentos próprios de vendas. As oportunidades para o controle da televisão nacional escoaram, com frequência, através de seus dedos. Por volta de 1974, 16 estações foram fechadas e desapareceram.

Naquele tempo, Pipa Amaral era dono da TV Rio e Alfredo Machado de Carvalho da TV Record, em São Paulo. Embora fossem parentes, os dois homens não confiavam um no outro e tinham personalidades fortes. Mesmo assim, muitas vezes trocavam entre si programas produzidos. Em 1965, a TV Record era uma das estações líderes em São Paulo; ela possuía estúdios bem montados na capital paulista e era muito mais forte do que a TV Rio. Os custos da TV Rio eram menores do que os da TV Record. A TV Rio era, claramente, a parceira mais antiga daquela associação frouxa, com menor audiência e instalações mais incipientes para a produção.

Veio então a grande mudança. A TV Rio adquiriu os direitos da novela *O Direito de Nascer*, que havia se tornado um extraordinário sucesso naquela ocasião em toda a

América Latina. Como não contava com instalações adequadas, a estação recorreu à TV Record para ser a parceira da produção em São Paulo. Machado de Carvalho declinou a oferta, por não desejar a parceria com Pipa Amaral. A TV Rio, então, conseguiu um acordo com a TV Tupi de São Paulo: esta produzia e transmitia a novela em São Paulo, e a TV Rio, no Rio de Janeiro. *O Direito de Nascer* alcançou índices de audiência jamais vistos de dezembro de 1964 a agosto de 1965, indo ao ar às 21h30. A posição da TV Tupi de São Paulo equiparou-se à da TV Record. No Rio, a TV Rio saltou para a liderança de audiência e a TV Tupi caiu para o terceiro lugar. Foi um exemplo típico de falta de coordenação da concorrência naquela época. As duas emissoras da mesma organização, os Diários Associados, competiam entre si. A oportunidade para a constituição de uma rede entre a TV Record e a TV Rio também foi perdida por causa das diferenças de personalidade de seus proprietários.

Após o falecimento de Walinho Simonsen, em 1965, as estações da TV Excelsior, no Rio e em São Paulo, foram encampadas por Octavio Frias de Oliveira, o acionista majoritário, e por Carlos Caldeira. Frias era o proprietário do jornal *Folha de S. Paulo* e dono também de aviculturas. Os diretores administrativos da rede eram Edson Leite e Alberto Saad, homens muitos experientes em rádio e televisão. O forte da programação da Excelsior eram as novelas e os seriados americanos. Cassiano Gabus Mendes exercia com competência a função de diretor artístico. A TV Excelsior contratou Chacrinha, um apresentador fenomenal, cujos programas eram um misto de musical e humorismo.

O programa do Chacrinha, transmitido duas vezes por semana no horário nobre, atraía a massa das classes mais baixas em virtude da variedade de seus quadros. A Excelsior inflacionou o preço do Chacrinha, o que concorreu para seu próprio declínio. Durante o período de 1966 a 1968, a TV Excelsior foi líder de audiência em São Paulo e segundo lugar no Rio, mas as receitas com a publicidade não eram suficientes para cobrir o custo de suas ambições. Em 1969, a situação financeira da empresa se deteriorou à medida que foi perdendo talentos para as TVs Globo, Record e Tupi. No final daquele ano, a TV Excelsior encerrou suas atividades e as concessões governamentais para a operação das estações foram repassadas a outros.

João Saad e sua família eram os donos da TV Bandeirantes, que, originalmente, só cobria São Paulo. Ele dirigira antes a Rádio Bandeirantes, um sucesso de operação durante muitos anos. Sua programação consistia, sobretudo, de esportes em todas as modalidades. Seus índices de audiência nunca foram expressivos, mas as fracas receitas eram equilibradas com os baixos custos, o que lhes proporcionava pequeno porém confortável lucro. Saad era um homem rico porque estava também envolvido com outros negócios. Conservador e cauteloso, ele montou, com o passar dos anos, uma pequena e prestigiosa rede.

Num certo momento, trabalhamos juntos para solucionar um problema técnico. Nosso velho transmissor de São Paulo, herdado quando Roberto Marinho comprou a TV Paulista, estava mal localizado e só alcançava uma parcela das residências da cidade. Saad construiu uma gigantesca torre e instalou seu transmissor no topo do Pico de Jaraguá, uma elevação a cerca de 25 quilômetros do centro da cidade, para melhor cobri-la. Perguntamos a Saad se poderíamos alugar parte da torre para nosso transmissor. Depois de longas negociações, Saad anuiu e instalamos nosso transmissor nas proximidades, mas ele era de baixa potência, pois o novo governo exigira que fosse fabricado no Brasil, e se encontrava então muito afastado da cidade. Foi o primeiro produzido pela Maxwell, que nos garantira a possibilidade de emitir 10 Kw de potência. Na realidade, o transmissor só tinha capacidade para 2 Kw e mal cobria São Paulo. Na ocasião, a solução pareceu até razoável, mas não contávamos com o crescimento da capital paulista, que só tinha seis milhões de habitantes naquele tempo. Anos depois, mudamos para uma melhor localização, no centro de São Paulo, e com um novo transmissor da RCA.

O FIM DOS PRIMEIROS TEMPOS

Em suma, essas foram as estações de televisão e afiliadas que existiram no Brasil até 1973. Com a entrada da Globo em 1965, havia cinco estações importantes no Rio e quatro em São Paulo. Tal foi o núcleo da competição inicial. O tamanho da audiência e o do mercado publicitário eram pequenos para a quantidade de estações envolvidas. Foi uma verdadeira luta pela sobrevivência, o que resultou numa acirrada competição e numa limitação para a quantidade e qualidade da produção local. Os programas musicais e humorísticos eram caros. Poucas eram as novelas, geralmente pagas pelos patrocinadores. Os programas importados, em geral mais baratos, desempenharam papel inicial significativo naquilo com que se alimentava o público.

Do grupo inicial de estações, poucas sobreviveram para desfrutar dos bons anos 1970, quando o mercado explodiu, e os recém-chegados tiveram melhores oportunidades. A quantidade de televisores, em sua maioria produzidos no país, começou a crescer anualmente de 15 a 20 por cento. Durante aquele período de transição a TV Globo foi ganhando ascendência. E isso foi conseguido mediante programação inovadora, disciplina administrativa e comercial, e crescente cobertura nacional. À proporção que os primeiros competidores caíam, novos surgiam.

OS NOVOS TEMPOS

Silvio Santos era um fenômeno. De início, ele só usava nossa estação em São Paulo para o seu *Baú da Felicidade*. Ele gozava de grande popularidade e atraía excelentes audiências. Evidentemente, fazia bom dinheiro. As contribuições adiantadas por semana pelas pessoas lhe proporcionavam capital para investimentos. Também possuía lojas onde a pessoa decidia o que comprar com os cem cruzeiros desembolsados; era opção sua, e ninguém perdia dinheiro. Daí a razão de Silvio Santos possuir recursos financeiros para nos emprestar. Não tínhamos dinheiro, ele sim. Silvio produzia, dirigia e era o apresentador do seu programa de oito horas que ia ao ar semanalmente, um programa de baixos custos, comparados com as receitas da publicidade, que ele também embolsava. Durante os primeiros anos, proporcionou à TV Globo de São Paulo, que lutava para sobreviver, um show de grande audiência sem custos para nós.

Quando a TV Paulista de São Paulo pegou fogo, ficamos sem saber o que aconteceria. A Embratel havia estabelecido links de micro-ondas entre o Rio e São Paulo dois meses antes. Então propusemos ao Silvio que fizesse seu programa no Rio, mas ele não demonstrou muita disposição para isso. Desejou saber as condições e se teria lucros no mínimo semelhantes. Queríamos que ele fizesse no Rio o mesmo que fazia em São Paulo. Chegamos então a um acordo segundo o qual o programa seria o mesmo, mas nós ficaríamos com a metade da receita da publicidade. E ele ganhou ainda mais dinheiro. Constantemente negociava com Roberto Marinho sobre a repartição da receita. Silvio era um negociador duro, muito duro: raciocínio rápido, muito inteligente, empresário sagaz e controlador, mas sempre sorria, ou mesmo gargalhava de modo bastante peculiar.

Silvio Santos tinha muito dinheiro, era conhecido e influente. Quando as concessões da Tupi ficaram disponíveis, ele partiu para Brasília e usou aquela influência para conseguir seu canal. Foi assim que sua estação de televisão começou. Ele abocanhou a maior parte das licenças da TV Tupi. O governo gostava dele. Era um astro, e sua rede só perdia para a Globo. Por alguns anos, não produziu novelas. Seus programas atingiam as classes de baixa renda e menos preparadas. A operação de sua emissora saía-se muito bem em termos financeiros no crescente mercado da publicidade.

Silvio vivia repetindo: "Joe, por que você não vem trabalhar comigo?" Ele também tentou contratar o Boni. Fez diversas ofertas ao longo do tempo, porém, ainda como hoje, dirigia tudo com mão de ferro.

Quando a Tupi fracassou nos anos 1970, o governo dividiu suas concessões em dois blocos e os distribuiu para o SBT (Silvio Santos) e a TV Manchete, a qual começou a operar em 1983. Adolfo Bloch dirigia a TV Manchete, que tinha grande cobertura nacional. Sua programação era voltada para as classes mais altas. Seu maior sucesso era o noticiário das nove da noite, porém nunca conseguiu mais de 5% da audiência porque era administrada como uma feira. Colocava no ar duas novelas por dia mas não tinha capacidade adequada para produzi-las. Uma delas fez muito sucesso, *Pantanal*, só que faltou know-how à estação para dar continuidade ao projeto das novelas. De fato, a TV Manchete não dispunha do aparato da Globo para produzir uma série de novelas bem-sucedidas. Eles contrataram muitas pessoas, no entanto o conjunto não funcionou. A família Bloch gerenciava a estação e Zevi Ghivelder chefiava o setor jornalístico. A administração da TV mais parecia a de uma loja de departamentos, o que não era conveniente. Bloch e seu grupo não entendiam a diferença entre a publicação de revistas e uma televisão com audiência maciça. Os débitos foram se acumulando e a empresa faliu em 1999.

A nova TV Record, controlada pelo bispo Macedo e um grupo chamado Igreja Universal do Reino de Deus, tornou-se grande fenômeno na televisão brasileira. Milhões de seguidores filiaram-se à igreja com o passar dos anos. Graças às substanciais contribuições dos crentes, a TV Record conta com consideráveis recursos financeiros para se contrapor à hegemonia da Globo. Eles possuem uma competente equipe diretora e produzem programas que se equiparam aos da TV Globo. Com as tentadoras ofertas que faz, a TV Record vem inflacionando o mercado. Enquanto conto minha história, ela ocupa o segundo lugar nos índices de audiência, pois empurrou o SBT para o terceiro e também diminuiu a predominância da TV Globo nesses índices. A despeito das alterações na indústria televisiva do Brasil, provocadas pelas falências da Tupi e da Manchete e pela concessão de licenças a Silvio Santos e ao bispo Macedo, a Globo ainda detém a liderança da audiência. Hoje em dia, existem mais de 56 milhões de lares brasileiros com televisores, e a quantidade continua crescendo.

TV GLOBO E WALTER CLARK

Walter Clark foi um homem extremamente inteligente e com maravilhosa personalidade. Em termos de estratégia de programação, era o melhor, não na produção em si, mas na organização de sua grade. Naquele tempo, Boni competia conosco trabalhando na Tupi, onde fazia excelentes programas. Walter começou a ganhar sobre a programação de Boni; depois o contratou, organizou a equipe e passou a ser pessoa conhecida e respeitada. Uma figura doce e frágil, Walter não tinha a fibra que se encontra em homens como

Boni, que é, de fato, muito forte. Walter não era assim e tendia a se esquivar das dificuldades, procurando refúgio na bebida. Foi essa a causa de sua saída da Globo.

Como já mencionei, Walter Clark começou a trabalhar conosco em dezembro de 1965. Roberto Marinho o contratara para ser assistente do diretor-geral, Rubens Amaral. Quando Walter iniciou suas atividades, Amaral foi ficando algo isolado. Tive que forçar um pouco as coisas para que Clark detivesse alguma da autoridade de Amaral. Fui verdadeiro algodão entre cristais. Ia até o Dr. Roberto e dizia: "Veja só, Walter quer fazer isso ou aquilo, mas Rubens não deixa". Marinho aparecia na estação de TV todas as noites. Já então depositava grande confiança em mim porque eu achara Clark e este trouxera José Octávio como diretor de vendas no Rio. Gradualmente, Walter foi enxugando a folha de pagamento pelo corte de empregados supérfluos e passou a contratar pessoas realmente necessárias. Ele me dava conta das providências tomadas e nós, geralmente, concordávamos. Mas a situação foi se complicando e, certo dia, Clark me disse: "Assim não dá. Não posso fazer coisa alguma; Rubens Amaral bloqueia tudo o que quero fazer". Finalmente, apelei para o Dr. Roberto: "Acho que Walter deveria ser o diretor-geral, porque é ele quem sabe o que deve ser feito. Amaral não entende coisa alguma do negócio".

Marinho olhou-me por algum tempo, depois disse: "Bem, a ideia não é absurda". Por um momento hesitou: "Walter parece uma criança". Ele estava acostumado a lidar com pessoas mais velhas. Contudo, insisti: "O senhor sabe, a estação não progredirá com as coisas como estão. Preciso de gente jovem para dar certo". O Dr. Roberto, por fim, cedeu: "Está certo, Joe, conto com você". E tirou Rubens Amaral do cargo, transferindo-o de volta para a Rádio Globo, onde trabalhava anteriormente. O episódio acabou gerando sua demissão. Foi difícil a saída de Rubens Amaral porque ele era empregado das Organizações Globo havia 20 anos. Mais tarde, Amaral moveu uma ação judicial milionária contra Roberto Marinho, mas conseguimos nos ver livres dele. A porta ficou assim aberta para que fizéssemos o que deveria ser feito, e Walter sempre me teve ao seu lado. Decidíamos tudo juntos como, por exemplo, quando precisávamos de um novo diretor comercial. A programação tornou-se realmente efetiva e tudo começou a funcionar bem.

Walter tornou-se diretor-geral e eu, ainda representante da Time-Life, para todos os efeitos continuei nos bastidores, mas Roberto Marinho sempre buscava meu assessoramento. Chegava à noite na estação e conversávamos muito sobre o que ocorria e sobre os planos para o futuro. Afora isso, o Dr. Roberto ignorava tudo o mais. Ocasionalmente, ele me chamava ao jornal para falar-me a respeito de alguma coisa que lhe passara pela cabeça, que ele não queria mencionar na frente de Walter ou de qualquer outra pessoa. Em geral, eram queixas, queixas verdadeiras. Ele não as revelava para nós três; preferia falar-me sobre suas preocupações e pedir-me para que as resolvesse. Eu então reunia os rapazes, ou Walter, ou a pessoa envolvida. Isso aconteceu durante todos os anos em que estive na Globo. Eu era o para-raios, ou melhor, uma espécie de mediador. Walter tinha vinte e tantos anos e eu quarenta e poucos; para ser mais exato, 27 e 42. Marinho tinha 62. Ele confiava em mim, sabia que eu era sério.

Eu escrevia bilhetes para Walter e ele respondia no verso do papel mais ou menos assim: "Por favor, não me diga coisas dessas antes do almoço". Foram muitos os bilhetes. Em geral, sou uma pessoa calma, que não altera a voz. Sempre tive um modo peculiar de tratar com aquela turma, se bem que eles esperassem de mim ações tipicamente americanas, mas eu tentava ser um deles. Na aparência, era eu quem batalhava pela coordenação, pelo trabalho em equipe, e o pessoal sabia que tudo aquilo era de minha autoria. O que se passava entre mim e o Dr. Roberto nas nossas conversas privadas era outra coisa.

Antes de minha chegada, a Globo havia comprado grande quantidade de programas e filmes "enlatados". Era preciso cortar muitas daquelas importações, mas enfrentei dificuldades para cancelar contratos de entregas futuras que totalizavam milhões de dólares em programas americanos. O pessoal de lá ficou muito aborrecido comigo. Viajavam ao Rio para dizer: "Você não pode fazer isso". Até com programas já transmitidos estávamos com os pagamentos atrasados. Não tínhamos dinheiro para saldar as dívidas. As discussões foram muitas e ásperas. Tive também que renegociar os débitos. Eu dizia: "Talvez possamos liquidar a dívida em três anos", e coisas assim. Lloyd Burns, o chefe da Columbia Pictures, era um sovina e não negociava. Discuti bastante com Ralph Baruch, da CBS, que mais tarde abriu a Viacom. Deixamos de nos falar por alguns anos. Negociei também com o pessoal da Fox. Cancelamos os contratos futuros. Contudo, no final, saldamos as dívidas atrasadas.

Em janeiro de 1966 ocorreram terríveis inundações no Rio. As chuvas foram tão pesadas que houve deslizamentos de terra, e milhares de pessoas das favelas situadas nos morros ficaram desabrigadas. Foi pior do que a ocasião em que houve o grande apagão do ano seguinte. Ficamos ilhados na estação porque um rio próximo transbordou. Permanecemos lá durante três dias. Mas Walter era muito esperto. Ninguém transmitia a catástrofe, então Walter pegou as câmeras e as instalou no terraço do prédio da estação, de frente para uma favela que enfrentava muitos problemas com o aguaceiro. Transmitimos tudo ao vivo, inclusive imagens de barracos e casas deslizando.

Hilton Gomes era nosso locutor e competente jornalista. "Vejam que coisa horrorosa. A situação é muito grave. Precisamos ajudar essa gente. Tragam, por favor, alimentos, roupas e qualquer coisa para aliviar o sofrimento!" Mostrávamos ao vivo pela televisão o que ocorria. Víamos pessoas nas encostas, logo ao lado da emissora, gritando para que as tirassem de lá. A água descia muito caudalosa e os problemas se agravavam. Walter teve a sensibilidade para captar o momento. Decidiu usar todas as câmeras disponíveis e o público ficou sintonizado.

Quando a tempestade amainou, as pessoas começaram a trazer objetos, roupas, alimentos, cobertores, colchões e utensílios para a nossa sede, e tudo foi armazenado no teatro; não demorou para que ficasse apinhado com tudo que se possa imaginar, e era lá que também dormíamos. Foi então que nossa estação quase alcançou a liderança de audiência. O público se sensibilizou com o que a Globo fez porque as concorrentes ficaram inertes, ou se limitaram a transmitir a programação habitual. Assistir ao vivo o que acontecia na cidade, embora isso só pudesse ser feito a partir de nosso pátio, causou ótima impressão nos telespectadores. E fomos conquistando audiência no Rio.

Walter também sabia que a programação da concorrência não era muito boa. Ele foi um gênio na estratégia de criar programas. A primeira coisa que fez, a partir de 1966, foi transmitir regularmente filmes às dez da noite – a *Sessão das Dez*. Nós possuíamos as películas, em muitos casos foram reapresentações. A atriz Célia Biar, com um pequeno gato branco ao lado, era a apresentadora da *Sessão das Dez*, cinco vezes por semana, e sempre no mesmo horário. Ela ficava sentada com seu gato, fazia a introdução do filme, e a audiência foi crescendo.

Walter, evidentemente, ficou cogitando sobre o próximo passo. Não tínhamos condições, como a ABC e outras redes nos Estados Unidos, para comprar programas da Warner Brothers e de outros estúdios cinematográficos importantes. Dizia-se na América que os grandes estúdios de cinema produziam programas para a NBC, ABC e CBS. A indústria cinematográfica brasileira era muito débil e não podia fazer o mesmo. Muito poucas pessoas controlavam os cinemas, e não existiam muitos deles, de modo que não podíamos recorrer a elas para nossa programação. Em consequência, as redes de TV no Brasil tinham que produzir seus próprios programas. Obviamente, se as pessoas não tivessem televisores em casa – e os anunciantes não nos encomendariam publicidade caso a quantidade de televisores fosse pequena – só poderíamos produzir parte de nossos programas, e éramos obrigados a comprar programas estrangeiros, no princípio os mais baratos. Daí a razão para o início das novelas.

Contratamos os diretores Henrique Martins e Régis Cardoso porque Walter julgava que eles eram muito bons. Dissemos a eles: "Não temos dinheiro e não sabemos direito o que vamos fazer, mas a oportunidade é boa. Vamos trabalhar juntos. Temos um americano por aqui". Eles tinham grande respeito pelos americanos e pelo know-how da televisão dos Estados Unidos. Esperavam realizar programas expressivos com base nesse know-how. Tentei desempenhar da melhor forma possível o papel de expert sem dizer muita coisa. Então Clark produziu nossa primeira novela no Rio, intitulada *Eu compro essa mulher* (março-julho de 1966). Ela era filmada no terraço, com a noite bem avançada. Inicialmente, foi ao ar ao vivo; depois passou a ser gravada. O terraço era, supostamente, o convés de um navio. A novela era transmitida às 21h30 e as pessoas gostavam, pois o elenco era de primeira e nele sobressaíam Yoná Magalhães e Carlos Alberto, que frequentou a Universidade de Michigan e falava inglês bem. A TV Globo atingiu o primeiro lugar em audiência no Rio por volta de abril de 1966.

Outra coisa inteligente que Walter fez foi um acordo com o dono da TV Record, Alfredo Machado de Carvalho, para a compra de alguns programas produzidos em São Paulo.

A Record nos vendeu em fita os shows da Jovem Guarda, com Roberto e Erasmo Carlos, os da Hebe Camargo e outros. Rodávamos programas americanos e preenchíamos os espaços de tempo com tudo aquilo que pudesse manter a audiência estabilizada, já que estávamos na liderança.

No horário nobre, Walter batalhou contra Boni da TV Tupi. No final de 1966 tínhamos dois programas de meia hora. Um deles se chamava *TV0-TV1*, com Agildo Ribeiro e Paulo Silvino: um humorístico, com esses dois comediantes muito engraçados, que foi para o ar em setembro daquele ano. Para a outra meia hora, compramos o seriado *Batman* dos Estados Unidos. Com esses dois batemos a TV Tupi.

No começo, os shows eram transmitidos das 20h às 21h30, depois vinha a novela e, por último, o noticiário. Quando as novelas passaram a fazer sucesso, Walter perguntou: "Você acha que poderíamos transmitir uma novela às oito da noite?" E foi o que fizemos. A primeira novela das oito foi *O Rei dos Ciganos*, escrita por Moysés Weltman, iniciada em setembro de 1966. A ideia foi um achado e conseguiu superar as demais emissoras de TV naquele horário. A Globo acabou adotando igualmente novelas para as seis e sete da noite. São três novelas à noite, nós as chamamos das 6, das 7 e das 8, mas hoje em dia elas vão para o ar um pouco mais tarde que isso. A novela das oito é realmente às nove; antes entra o *Jornal Nacional*. Denominamos o processo de sanduíche: primeiro uma novela, então as notícias e, depois, outra novela. Ali estava nossa grande fonte de lucros. As pessoas permaneciam sintonizadas no canal e, normalmente, atingíamos dois terços da audiência.

As outras estações não podiam fazer isso; sempre que tentavam, fazíamos algo melhor. Vez por outra, alguma delas produzia novela de sucesso, porém muito raramente.

Em janeiro de 1967, houve outra grande chuvarada no Rio, que durou dois dias e causou também muitos deslizamentos. Entre outros prejuízos, o temporal interrompeu dois terços da capacidade de produção de eletricidade do Rio. Ficamos com apenas um terço de energia elétrica na cidade. A companhia geradora, administrada por uma subsidiária canadense, a Rio Light, não sabia o que fazer, de modo que estabeleceu horários para fornecer eletricidade às diferentes regiões. Determinado bairro, como o Jardim Botânico, por exemplo, receberia energia de uma às quatro da tarde e das sete às nove da noite; outro bairro, como o de Botafogo, teria horários diferentes, e assim por toda a cidade. Como se sabe, o Rio tem muitos edifícios altos, e os elevadores paravam. Houve ocasiões em que a Rio Light não cumpriu os horários e pessoas ficaram presas em elevadores, às vezes por duas horas. Num certo dia, eu caminhava à noite com alguns amigos pela rua Visconde de Pirajá, em Ipanema, portando lanternas, quando, de repente, todas as luzes se acenderam, inclusive as das fachadas das lojas. Uma grande alegria se apossou de todos nós, parecia que estávamos numa festa de réveillon.

Mas vejamos o problema para a TV Globo. Como poderíamos transmitir o sinal de televisão para pessoas que contavam com serviço irregular de eletricidade? Era, de fato, muito difícil: colocaríamos programas no ar, mas quem os estaria assistindo? E quando? Além disso, nosso gerador só tinha potência para iluminar os estúdios; os escritórios e salas do jornalismo usavam lanternas. Tudo voltava ao normal quando a eletricidade chegava. Tal situação durou três meses, de janeiro a abril, na cidade do Rio de Janeiro.

No entanto, num domingo à tarde do início de março, um dia belíssimo, estávamos todos na praia quando um de nossos repórteres, Alcino Diniz, que fora diretor da TV Tupi, resolveu ir por conta própria para os arrabaldes da cidade onde, supostamente, os funcionários da companhia geradora de eletricidade deveriam estar trabalhando a todo vapor para limpar a lama das placas metálicas, de modo a restabelecer o fornecimento de energia elétrica para a cidade. Pois bem, naquele maravilhoso e ensolarado domingo, as únicas pessoas que encontrou foram alguns vigias. Ninguém mais estava por lá. No escritório do superintendente, o ar condicionado funcionava perfeitamente e havia fartura de luzes acesas. Mas ninguém trabalhava.

Alcino Diniz filmou aquilo, voltou e nos disse: "Vejam o que está acontecendo. Temos que colocar essa reportagem no ar". Para nós, uma reportagem daquelas representava não só um furo jornalístico, mas também prestígio diante dos anunciantes. Vivíamos um período de dificuldades financeiras, nossa receita tinha caído, e a confiança do patrocinador era fundamental para recuperá-la. Naquela época, seguindo uma tradição que vinha do rádio, os anunciantes e suas agências eram muito próximos aos produtores, ou seja, as emissoras. Os programas chegavam a receber o nome da empresa patrocinadora: o *Repórter Esso*, famoso telejornal da TV Tupi; *Espetáculos Tonelux*, show de variedades exibido em várias emissoras (TV Continental, TV Rio, TV Excelsior, TV Tupi e TV Globo); *Teatrinho Trol*, programa de dramaturgia infantil exibido na TV Tupi; *Grande Resenha Facit*, programa esportivo exibido na TV Globo; *Ultranotícias*, programa jornalístico exibido na TV Globo. O patrocinador de um dos nossos programas de variedades, que misturava jornalismo com entretenimento, chamado *Noite de Gala*, era a empresa de eletrodomésticos O Rei da Voz, que teve seus negócios muito abalados com o racionamento de energia. Quando o Abrahão Medina, dono do Rei da Voz, soube da reportagem, ficou eufórico: "Transmitam a reportagem no *Noite de Gala!*" A Rio Light Company soube da filmagem e implorou: "Por favor, não a coloquem no ar". A reportagem os deixaria muito mal perante a opinião pública e as autoridades. Argumentamos: "Temos compromisso com o público e com o nosso cliente, que patrocina o programa, e por isso temos que transmitir". No domingo, às oito da noite em ponto, tudo estava pronto para a transmissão quando as luzes da cidade do Rio de Janeiro se apagaram. Difícil acreditar, mas foi a pura verdade. O que aconteceu então? Bem, Abrahão Medina, um homem pequeno e irritável, ficou indignado e disse: "Vocês não vão pôr a reportagem de novo no ar?". Garantimos: "Vamos transmitir na quinta-feira à noite". A Rio Light ponderou: "Que nos seja dado, pelo menos, o direito de resposta". Houve acordo e colocamos as duas matérias no ar. Esse episódio nos ajudou a manter o cliente e a receita.

1967 foi um ano crítico para a existência da TV Globo. O dinheiro da Time-Life parou de chegar em 30 de junho de 1966, e os déficits foram se acumulando a cada mês. As chuvas torrenciais de janeiro de 1967 no Rio resultaram em racionamento de energia, prejudicando por seis meses nossas rendas com publicidade. A operação em São Paulo era precária. Nossa pobre cobertura da cidade, que não atingia grande parte da população, e mais as tentativas fracassadas de programação local e as mudanças na gerência criaram verdadeiro caos em nossa TV da capital paulista. Em setembro, Luiz Eduardo Borgerth, o administrador em São Paulo, telefonou-me para dizer que os empregados haviam entrado em greve. Completou informando que nossa operação em São Paulo seria interrompida em duas semanas caso não recebêssemos recursos financeiros.

Naquele ano, lutamos muito para sobreviver. O Dr. Roberto, Walter e eu fomos falar com José Luiz Magalhães Lins porque precisávamos de 400 milhões de cruzeiros para continuar operando. José Luiz nos emprestou o dinheiro, que só quitamos anos mais tarde. Walter Moreira Salles também nos emprestou uma quantia, embora menor do que a de José Luiz, e quis que amortizássemos o débito de alguma forma, mas não tínhamos dinheiro algum. A despeito do empréstimo de Moreira Salles, foi José Luiz quem nos salvou, além de pequeno empréstimo noutro banco brasileiro. Chegamos até a pegar dinheiro emprestado de Silvio Santos, a 8% de juros ao mês, porém o Dr. Roberto nunca soube disso. Borgerth tomou conhecimento.

Estávamos em atraso com quase tudo: com nossos fornecedores, com nossas obrigações trabalhistas, e um monte de outros débitos. Recebemos até adiantamentos de nossos clientes mesmo antes de seus comerciais irem ao ar. Foi uma batalha constante para permanecermos vivos, mas tempos melhores nos esperavam. O negócio no Rio ia razoavelmente bem, porém o furo de São Paulo era grande, e não tínhamos os equipamentos para remediar a situação. Os concorrentes, como a TV Tupi, poderiam ter nos liquidado a qualquer momento, naquela ocasião, caso fossem melhor organizados.

Walter e eu brigávamos bastante. Ele era um gênio para a programação e a estratégia, todavia não se importava com mais nada. Excelente comunicador, carismático para as pessoas, na frente dos empregados tinha receio de enfrentar os problemas ou a crítica. Nesse particular, ele era fraco. Não encarava nada que fosse difícil. Se eu lhe dissesse: "Você sabe, Walter, estamos perdendo muito dinheiro", a resposta invariavelmente era: "Oh, não quero ouvir nada disso". E então saía e mergulhava na bebida. Muito complicado. Mas essa é outra história. A verdade é que ninguém era tão importante quanto ele nos primeiros anos de luta, organizando e montando a TV Globo. Começou a trabalhar no rádio com 16 anos, era criatura da mídia.

BONI

No final, foi Boni quem assumiu e dirigiu realmente a Rede Globo de Televisão. O brilhantismo de José Bonifácio de Oliveira Sobrinho é difícil de ser descrito por completo. Sua mente capta tudo que se passa ao redor e sua memória é excepcional; sua criatividade casa muito bem com a execução prática das ideias. O controle que exerce sobre as pessoas deriva do respeito por seu talento e da confiança que nele depositam. Boni está sempre produzindo alguma coisa, seja um programa de televisão, seja um jantar para 50 convidados com vinhos de primeira linha. Ele vive constantemente buscando a perfeição, nos outros e nele mesmo. Gosta de estar no leme mas trata as pessoas com cordialidade. Boni conhece e adora remédios. Conhece *todos* os remédios. Se você disser que tem qualquer problema de saúde, ele logo lhe recomenda um remédio.

Quando jovem, Boni usava cabelo comprido e gostava de se vestir com camisas largas e multicoloridas que mais pareciam batas de mulheres! Isso lhe dava uma aparência de hippie, ainda mais com os cabelos bem compridos. Tanto que, certa vez, viajando de avião, a aeromoça perguntou: "Senhorita, o que deseja?" Boni é homem de poucas palavras, mas quando fala elas jorram com incrível velocidade. Por vezes, é difícil saber-se o que ele está realmente pensando. Boni pode despertar amor, respeito e medo. Porém, antes de tudo, ele é um mestre na televisão.

Boni começou cedo, talvez com 16 ou 17 anos, escrevendo comerciais e jingles. Podia preparar três ou quatro comerciais por dia. Sua carreira teve início no rádio, em 1950; dois anos depois ele foi para a TV Tupi, e em 1960 ingressou na Multi-Propaganda, sob a chefia de Jorge Adib, que se tornou um de seus mais íntimos amigos. Ele passou por quase todas as estações de TV porque sua personalidade era tal que se não gostasse de alguma coisa – bum! – saía pisando duro pela porta.

Walter Clark estava louco para ter Boni trabalhando conosco. Ele achava que Boni melhoraria nossa programação. Durante dois anos, de 1962 a 1964, os dois trabalharam juntos na TV Rio: Boni na produção e Walter nas vendas e no marketing. Em 1964, Boni foi para a TV Excelsior no Rio e teve algum sucesso. Depois de ajudar a organizar a TV Bandeirantes, em 1965, deixou a estação porque João Saad, o proprietário, não permitia que ele fizesse televisão como achava que deveria ser feita.

Na ocasião Walter chamava Boni de "Alemão", se bem que seus ancestrais tivessem vindo da Galícia, na Espanha. Boni estava na TV Tupi quando foi construído o Telecentro, uma grande área onde ele teve a chance de produzir um fabuloso show de Moacir Franco, um dos cantores brasileiros mais conhecidos de então – não só cantor como showman. Tentamos cooptar Boni, mas não tínhamos o dinheiro suficiente. O máximo que podíamos oferecer eram 6 mil cruzeiros por mês e ele recebia 12 mil na Tupi. Chegamos a afirmar: "Olhe, você vai se sair bem conosco. Somos jovens e estamos contratando gente capaz para os diversos departamentos", mas ele não veio em 1966. Não posso me esquecer: eu estava na sala quando Walter colocou o telefone no gancho após conversar com Boni. "Não teremos o Boni", disse tristemente, olhando para mim, "mas vamos tocar para frente". Finalmente, em março de 1967, Boni concordou em trabalhar conosco e com o salário que podíamos oferecer.

Conheci Boni em 1966, quando ele comandava a programação da TV Tupi, no Rio. Foi no apartamento dele, na praça General Osório, em Ipanema, quando Walter Clark pediu-lhe um encontro com o novo "gringo". Boni se expressava razoavelmente bem em inglês, o que compensou meu lento e emergente português. Entendemo-nos muito bem.

Voltamos a nos encontrar poucos meses mais tarde. Um grupo da TV Globo foi a Porto Alegre conversar com os Sirotsky da TV Gaúcha sobre a possibilidade de se tornarem nossos afiliados. José Octávio e mais uns dois viajaram de carro para a capital gaúcha, eu e Walter fomos de avião. Boni nos encontrou lá. Embora trabalhasse na TV Tupi, nós o convidamos para que nos divertíssemos em Porto Alegre. Nenhum de nós jamais fora ao Rio Grande do Sul. Andamos pela cidade em dois carros. Primeiro, almoçamos com o pessoal da TV Gaúcha; depois fomos conhecer Novo Hamburgo, uma cidade próxima, então pequena, onde eram manufaturadas toalhas e outros produtos têxteis. Era um sábado, e o pessoal viajou fazendo grande algazarra e mexendo com as pessoas que passavam nos carros com que cruzávamos.

Boni e eu ficamos no mesmo quarto de um hotel modesto. O entendimento entre nós foi ótimo porque ambos gostamos de música, principalmente das canções americanas populares, e as cantávamos o tempo todo. Passeamos de carro pela cidade, evidentemente cantando, mas, no fim da tarde, não conseguimos achar o resto da turma.

Aconteceu que Walter Clark, José Octávio e os outros dois tinham sido presos por promoverem distúrbios em Novo Hamburgo. Estavam na cadeia. Fomos até lá e os encontramos atrás das grades. "Joe, você é americano, fale com eles para nos tirarem daqui", diziam. Aparentemente, as autoridades locais respeitavam os americanos. Eu e Boni ficamos no lado de fora da delegacia, pensando no que fazer. Bem que tentamos convencer os policiais, mas eles foram irredutíveis: "Não, temos que esperar o juiz. Só ele pode soltá-los". Infelizmente, o juiz não estava na cidade. A maioria dos habitantes de Novo Hamburgo era de origem alemã, estritos e severos quanto ao seu estilo de vida. Por fim, conseguimos contato com os Sirotsky em Porto Alegre. Eles tiveram que vir às pressas e, já com a noite bem avançada, conseguiram tirar nossos amigos da cadeia. E só o conseguiram porque eram pessoas bem conhecidas na região.

Boni é um homem muito sério e com fisionomia austera. Fala pouco, porém quando o faz as palavras saem como disparos de metralhadora. Ele gosta que as coisas sejam feitas ao seu jeito. E praguejava: "É assim que quero que se faça. Não de outra maneira". Boni podia, às vezes, até exagerar certas situações ou circunstâncias a fim de atingir os objetivos que pensava bons para a TV Globo. Entrava na sala, por exemplo, dizendo: "As máquinas de videoteipe não estão funcionando. Os capítulos da novela não ficarão prontos para a transmissão". Ficávamos perplexos. "Nada funciona por aqui", arrematava. Ele queria sempre os equipamentos mais modernos, e usava tais estratagemas.

Walter respeitava Boni porque era exatamente o seu oposto. Talentoso e pessoa agradável, todos adoravam Walter, todavia ele não enfrentava os problemas; caso surgisse alguma dificuldade, saía de cena e se esquivava: "Resolva isso.

O problema é seu". E não foram poucas as situações assim. Walter gostou da ideia de Boni assumir o controle da programação porque era menos uma carga sobre seus ombros. Ele passou a dar apenas palpites sobre isso ou aquilo, mas não entrava nos detalhes da produção. Boni, ao contrário, mergulhava de corpo e alma no trabalho. No começo foi difícil porque Boni quis modificar completamente os métodos que adotávamos. Entretanto, as coisas foram aos poucos se ajustando, e tudo passou a funcionar muito bem.

Boni assumiu realmente o controle depois que despedimos a novelista cubana Glória Magadan. A produção ficou sob seu comando, bastante arbitrário, diga-se a bem da verdade. Todas as manhãs de segunda-feira havia reunião do Conselho Executivo criado por Walter. As principais figuras do conselho eram Walter, Boni, o diretor comercial José Ulisses Arce, eu e o secretário, Luiz Eduardo Borgerth. As reuniões eram terríveis porque as discussões passavam dos limites. As personalidades eram muito diferentes e a de Boni demasiadamente forte e impetuosa; imprecava contra tudo. Walter sempre cedia por respeitar Boni. Arce, uma espécie de figura paternal para Walter, era por este usado para se contrapor a Boni. Houve desavenças em profusão, porém, no cômputo final, foi bom.

Nos estágios finais – o conselho durou cerca de um ano ou ano e meio – a situação normalmente era: eu e Boni contra Walter e Arce. A polarização se estabeleceu em virtude de eu e Boni nos aliarmos em torno dos métodos que, a nosso ver, funcionavam bem. Debatemos muitos assuntos. Antes de mais nada, necessitávamos de maiores instalações para a produção, e Boni queria sempre o aperfeiçoamento do equipamento, pois buscava a melhor qualidade, mas faltava o dinheiro. Nosso equipamento era usado; comprávamos câmeras dos Estados Unidos, todas em preto e branco naquela época, primordialmente TK-60s. Brigamos a respeito de numerosos assuntos, por exemplo, o modo como o jornalismo era conduzido e os eternos conflitos vendas *versus* programas.

Abaixo dessa liderança existia uma segunda e vasta camada: o pessoal de operações com Armando Nogueira no jornalismo; o lado técnico com Adilson Pontes Malta e Herbert Fiuza; Borjalo na programação; Yves Alves, Dionísio Poli e Augusto César Duarte na esfera comercial; coronel Paiva Chaves, José Aleixo e Otacílio Pereira na administração; e por aí ia. Em suma, muita gente. Eu diria que cerca de 35 pessoas dirigiam a empresa. E ainda tínhamos os importantes diretores regionais em cada mercado.

Boni assumiu também o controle da estratégia de programação. É claro que ele procurava o Walter para dizer: "Eu gostaria de tentar isso ou aquilo". E Walter respondia: "OK. Vamos fazer assim". Então, quando nossa audiência passou a crescer, Walter começou a aparecer mais. Ele era muito tímido e não falava bem em público, porém foi, aos poucos, aprendendo. Era Walter quem recebia as medalhas, os elogios, e gostava disso. Aquela situação não tardou a irritar Roberto Marinho. No final, Walter parecia ocupar uma posição intermediária entre o Dr. Roberto no topo, que era o chefe e muito modesto ao seu modo, e Boni, mais abaixo, tocando a produção. Boni ameaçou ir embora diversas vezes, mas sempre ficava. Costumava pegar a jaqueta e dizer: "Vou embora deste inferno!" Dizia uns desaforos para mim e saía. No dia seguinte, voltava. Walter o pegava pelo braço e convidava: "Deixe disso, Boni, vamos almoçar num bom restaurante italiano". A volatilidade era a marca do Boni – explodia e, depois, acalmava.

Saíamos à noite. Trabalhávamos até as onze e então Boni dizia: "Vamos sair e ver umas garotas de programa", o que adorava fazer. Contudo, sob o ponto de vista da programação, foi ele que colocou ordem na TV Globo. Juntos, fizemos duas coisas. Uma delas foi a ideia de centralização da produção. Depois do incêndio de 1969, criamos a Central Globo de Jornalismo, a Central Globo de Produção e Programação, a Central Globo de Administração, a Central Globo de Comercialização – tudo era controlado do Rio. Tínhamos funcionários e estações por todo o país, mas o padrão era o mesmo. Desenvolvemos o processo do trabalho centralizado.

Depois que a TV Paulista pegou fogo, alugamos o pequeno Cinema Miami, na rua Marechal Deodoro, no centro de São Paulo. Quase no final de 1969, ameacei ir embora porque estávamos na capital paulista e não parávamos de discutir. Ninguém acreditava em contabilidade de custos e orçamento. Só queriam colocar programas no ar e conquistar audiências. Tentei organizar orçamentos mas foi muito difícil. Eles argumentavam: "Como é possível fazer um orçamento se contratamos uma pessoa por tanto e vem a concorrência e paga muito mais?" Eles achavam que eu era maluco.

Brigávamos como cão e gato. Eu dizia: "Vou embora. Estou saindo e vou dizer ao Marinho que não aguento mais". A batalha era muito árdua. Não tínhamos dinheiro para coisa alguma. Eu falava com sinceridade quando dizia que ia embora: estava hospedado no Hotel Jaraguá, em São Paulo, que não tinha calefação, e fazia muito frio; eu vivia me lamentando. No dia seguinte, bateram à porta. Eram Walter Clark e José Octávio. Entraram e foram dizendo: "Joe, vamos fazer o que você quer". Criamos um sistema de administração rigoroso – com orçamento – que o pessoal rapidamente abraçou, e passou a seguir a partir de então.

Boni não era fácil. Seu coordenador de programação em São Paulo chamava-se Luís Guimarães, que ele quis logo despedir. Eu lhe disse: "Boni, o pobre homem vive 24 horas por dia na estação. Quase não sai. Ele é casado, tem um filho autista e devota sua vida ao trabalho. Quando uma pessoa trabalha tão duro, tem que ter algum valor para você. Você pode contar com ele". No ano seguinte, quando fomos fazer o orçamento, Boni achou que o trabalho de Guimarães era maravilhoso e quis lhe dar um aumento gigantesco. Disse-lhe que não era possível, caso contrário Guimarães ganharia mais do que todos os empregados de São Paulo. Eu tinha o dever de contrariá-lo em assuntos como aquele. Boni pegava a jaqueta e se demitia por um dia.

No final, trabalhamos muito bem em conjunto. Boni passou a ser ardoroso adepto dos orçamentos. E os cumpria religiosamente. Eu dizia: "Tudo bem, Boni, neste ano temos tanto para gastar com programação e tanto para a engenharia; detalhe sua quantia como quiser, depois me dê conhecimento do seu detalhamento, mas o total é este". Ele esmiuçava rigorosamente sua parcela dentro de nossas projeções. De um modo geral, eu destacava pessoas da administração para orientar a produção na feitura dos orçamentos, pois não era tarefa simples.

Em qualquer negócio, sempre há a parte administrativa e a operacional. As duas são igualmente importantes e precisam se comunicar. É uma parceria que tem que existir. Foi isso que criamos, e Walter Clark ficou mais ou menos em posição intermediária, uma vez que Boni era tão forte que só eu tinha a capacidade de me contrapor e contrariar suas posições. Todavia, quando Boni percebeu que tudo aquilo fazia sentido, rapidamente se associou ao método e chegou a aprimorar minhas sugestões. Finalmente, tínhamos orçamentos detalhados. Ao fim de cada mês, preparávamos um relatório, e todos tinham que atingir suas metas. Meu problema era fazer com que as contas fechassem.

As pessoas normalmente perguntam sobre o Padrão Globo de Qualidade, um slogan que promovíamos. Magaldi concebeu o slogan, porém foi Boni que impôs qualidade à programação. Ele costumava dizer: "isto não funciona; não está bom; não é suficientemente bom". Daniel Filho percebeu rapidamente como as coisas deveriam ser feitas. Os dois foram elementos-chave. Um exemplo: quando outra estação nos tirou o Chacrinha, oferecendo-lhe mais dinheiro, Boni inventou o *Fantástico*, um programa diversificado e singular, com duas horas de duração, que perdura até hoje; diferentes pessoas já editaram o *Fantástico* e trabalharam em seus quadros ao longo dos anos, mas a qualidade não caiu. Ele era melhor que o show do Chacrinha, que se desgastou com o tempo. José Itamar de Freitas foi o diretor pioneiro do *Fantástico*.

Boni não gostava de shows de variedades e os deixava em segundo plano. Eles foram cercados pelas novelas. Tínhamos nossos shows, principalmente com Chico Anysio, muito bom comediante. No início, Jô Soares também fazia humorísticos; hoje em dia ele é o apresentador do equivalente ao *The Tonight Show* americano. Dessa forma, os shows eram transmitidos mais tarde, à noite, e eram um pouco mais sofisticados do que os programas de variedades dos concorrentes, suas principais atrações, que jamais competiram com as novelas.

Vez por outra, falávamos em alterar a grade de programação, e Boni dizia: "tudo bem, vamos modificá-la"; porém, realmente, jamais trabalhou para isso. E a programação permanecia a mesma, com leves mudanças. Hoje, o noticiário vai ao ar depois das oito da noite, e a novela dita das oito entra às nove. A estratégia era essa para combater a concorrência: ela nunca sabia quando nossos programas iam terminar. Mantínhamos a audiência presa ao nosso canal para que não mudassem a sintonia no horário nobre. Se o público soubesse a hora exata do início da novela e do noticiário, havia a possibilidade de mudança de canal; na dúvida, a audiência ficava "fisgada". Esse era o raciocínio na televisão brasileira daquele tempo.

Boni e eu nos tornamos bons amigos. Com frequência ele me convidava para passar o fim de semana em sua residência de veraneio, numa das ilhas de Angra dos Reis.

Boni reformou uma antiga destilaria e a transformou em agradável casa de frente para o mar. Seus vizinhos eram pescadores locais e passamos bons momentos no Bar do Luiz, comendo peixe recém-pescado e bebendo cachaça. Eu pretendia comprar um terreno perto do de Boni, mas não o fiz porque saí da empresa. Ele ampliou bastante a propriedade, comprando terrenos em volta, e se deslocava para lá no seu próprio helicóptero.

Boni e eu compramos terrenos contíguos na Joatinga, com formidável vista para a praia de São Conrado, que fica bem abaixo. Íamos construir nossas casas uma ao lado da outra, mas vendi meu lote quando deixei o Brasil. Boni construiu a sua: uma linda residência com excelente adega. Alguns anos mais tarde, às vésperas de seu casamento com Lou, Boni ofereceu um jantar para um grupo de amigos, entre eles Daniel Filho, Nilton Travesso, Maurício Antunes, Miguel Pires Gonçalves e o investidor Naji Nahas. Todos foram acompanhados de suas mulheres. Cinco bandidos invadiram a casa, mantiveram reféns por duas horas todos os convidados, sob a mira de armas, e roubaram joias e outros bens. O susto foi muito grande e o incidente recebeu considerável cobertura da mídia. Os marginais acabaram sendo capturados e mandados para a cadeia. Pouco depois, Boni vendeu a casa e se mudou para São Conrado. Morei também naquele bairro, no primeiro edifício construído perto da praia, cercado pelo Gávea Golfe Clube. Nós dois nos mudamos para São Conrado quando foi aberto o túnel ligando o bairro à Gávea, mais tarde batizado de Túnel Zuzu Angel.

Quando saí da TV Globo, em 1980, Boni e Roberto Irineu, filho mais velho de Marinho, começaram a entrar em desacordo. Roberto Irineu assumia à época mais responsabilidades nas Organizações Globo porque o pai estava já muito idoso. O filho ganhou poder. Como as principais desavenças ocorreram depois que fui embora, não sei, de fato, o que aconteceu, apenas o que Boni e outros me contaram. Parece que a situação se agravou entre os dois e Boni ameaçou sair da empresa. Silvio Santos queria trabalhar com Boni, de modo que este tinha poderoso trunfo na disputa com Roberto Irineu Marinho. Houve muita especulação na imprensa: "Silvio Santos tenta contratar Boni". Todos na TV Globo se preocupavam e diziam: "Boni, esperamos que você não vá", e coisas assim.

Homem corajoso e de visão, na década de 90 cresceu ainda mais a ascendência de Roberto Irineu na Rede Globo. Em 1996, ele demitiu o diretor de Jornalismo, Alberico Souza Cruz, e nomeou para o cargo o Evandro Carlos de Andrade, que era diretor de redação do jornal *O Globo* e íntimo amigo da família Marinho. Boni sentiu a perda de espaço e não quis continuar na empresa. Fecharam um acordo: Boni ficaria mais quatro anos na Rede Globo, dois na ativa e outros dois como consultor. Ao fim do prazo, a Globo prorrogou o contrato por mais dois anos de consultoria sem que ele precisasse ser consultor de fato. Ninguém queria Boni na concorrência!

Hoje em dia, Boni é um afiliado da Rede Globo, com algumas estações. Sua área de atuação é o Vale do Paraíba, uma rica região entre Rio e São Paulo. Ele é dono das estações de São José dos Campos e Taubaté, e tem outras no nome dos filhos. Boni não possui apenas rádios e televisões, ele agora opera também *on line*. Seu noticiário em tempo real é bastante engraçado! Boni é, na verdade, uma pessoa "pra frente". Ele vai aos Estados Unidos muitas vezes, em especial às convenções da NAB (National Convention of Broadcasters). Sempre que nos vemos, ele está com os filhos comprando equipamentos e em incessante atividade. Sua esposa Lou, vinte anos mais nova, é uma moça extremamente interessante. Boni é pai exemplar de quatro filhos, que o amam e admiram. Também é absolutamente devotado à mãe, D. Quina. Com os amigos e companheiros, é intransigentemente leal e generoso.

Certa vez, Boni enviou-me cópia de uma entrevista que dera, na qual afirmava: "Se não fosse por Joe Wallach, eu jamais teria permanecido na TV Globo". Uma honra que sempre guardarei com afeto e respeito.

A NOVELA E OUTROS PROGRAMAS DA GLOBO

Boni trouxe Daniel Filho já na primeira metade de 1967. Augusto César Vannucci (1932-1994) já trabalhava na Globo dirigindo shows, humorísticos, musicais e outros programas. Daniel Filho ficou encarregado das novelas, seja produzindo, seja dirigindo, como conta no seu livro *O circo eletrônico* (2003). Quando começamos a fazer novelas para valer, ele foi nosso primeiro diretor do núcleo. Daniel Filho e Augusto César Vannucci eram figuras-chave. Vannucci fez, mais tarde, muito teatro no Rio. Ele era muito bom ator, como também Daniel Filho, astro de muitos filmes e programas de televisão.

As primeiras novelas da Globo, patrocinadas pela Colgate, eram escritas por Glória Magadan, renomada escritora cubana. Glória era o verdadeiro sustentáculo das novelas, mas Boni entrou em rota de colisão com ela. De fato não gostava de Glória Magadan e vivia dizendo: "Ela tem que ir embora". É claro que Walter não sabia o que fazer. Pediram para que eu a despedisse. Esquivei-me: "Não fui eu quem a contratou". De uma forma ou de outra, Glória Magadan acabou saindo da empresa. Suas histórias funcionavam, porém Boni não gostava da forma com que ela as conduzia. Era uma espécie de matriarca de todo o núcleo das novelas e queríamos dirigi-lo de modo diferente.

Boni trouxe Janete Clair em 1967, e ela se tornou a autora principal quando Magadan foi embora em 1969. No mesmo ano, Dias Gomes, marido de Janete, começou a escrever para a TV Globo; seu primeiro trabalho, assinado sob o pseudônimo de Stela Calderón, foi a adaptação de *A Ponte dos Suspiros*. Os dois formavam um casal absolutamente dinâmico. Ele era um bom autor, mas ela era ainda melhor. Ele escrevia, ela arquitetava os enredos. Dias Gomes, que era comunista, tinha um viés mais social, mas conseguiu agradar com suas críticas políticas e sociais, em grande parte porque prendia o interesse do público. Foi com o casal que as telenovelas estouraram. Inicialmente, eram adaptações de clássicos à cultura e gosto brasileiros. Depois, passaram a espelhar a realidade existente então no país.

A maioria dos artistas da TV Globo tinha tendência esquerdista e desejava se expressar cada vez mais sobre as questões sociais, que realmente atingiram seu ápice nas novelas com a chegada de Dias Gomes e Janete Clair. O casal constituía a mola propulsora, os autores mais incisivos que escreviam sobre tais assuntos, como nas novelas *Bandeira 2* (1971-72), *O Bem Amado* (1973) e outras. No começo, as tramas falavam de pessoas ricas em ambientes luxuosos, mas isso mudou com os novos autores, que enfocaram tópicos sociais, tanto urbanos quanto rurais. A primeira novela que Dias Gomes assinou com seu nome verdadeiro na TV Globo, *Verão Vermelho* (1969), tratou da reforma agrária, um assunto explosivo àquela ocasião, como ainda o é até hoje com o Movimento dos Sem-Terra. Muitas de nossas novelas foram censuradas por causa de seus enredos sociais. Todas as obras de Dias Gomes tinham cunho social, todas elas, e seu livro de memórias leva o título *Apenas um subversivo*. Ele e outros autores tentaram forçar os limites da censura. Com o tempo, surgiram novos escritores que contribuíram para aumentar a audiência da Globo.

Em 1970, produzimos uma novela que propeliu, de fato, a TV Globo para o incontestável primeiro lugar: *Irmãos Coragem*, escrita por Janete Clair. Seus principais atores trabalhavam em São Paulo – Tarcísio Meira e Glória Menezes, por exemplo – ainda que a novela fosse rodada no Rio. As novelas que produzimos inicialmente no Rio, tais como *Sangue e Areia* (1967-68), não fizeram tanto sucesso assim, mas *Irmãos Coragem* teve acolhida estupenda em

São Paulo e concorreu para aumentar consideravelmente a audiência na capital e interior paulistas. Por volta de 1975, as novelas da Globo encantavam quase todo o povo brasileiro; por vezes, 80% de todos os lares do país assistiam nossas novelas.

Na verdade, a novela era a forma mais barata de produção de programas porque cada uma delas tinha de 130 a 150 capítulos, e podia ser exibida cinco ou seis vezes por semana, amortizando os custos dos cenários, dos artistas e dos autores. Todas elas tinham a capacidade de ser largamente difundidas e, tão logo os capítulos ficavam prontos, eram imediatamente assistidos; pareciam fornadas de pão logo consumidas. Descobrimos também que, com enredos decentes e apropriados, as novelas podiam bater a audiência de quaisquer programas importados ou mesmo os de outros tipos que produzíamos. O custo por hora das novelas era também o mais baixo – sem dúvida, nossa maior fonte de lucros.

As outras redes de televisão custaram a perceber isso e se concentraram mais nos shows e humorísticos, produzindo poucas novelas. Dessa forma, ocupamos com tal firmeza e competência o horário nobre das novelas que a concorrência encontrou dificuldade para nos desalojar. Por diversos anos, continuamos a transmitir programas de variedades, porém, em sua maioria, nos fins de semana e tarde da noite. Entre eles, podem ser citados Chacrinha, Dercy Gonçalves, Chico Anysio, Silvio Santos, Raul Longras com seu *Casamento na TV*, Jô Soares e o *Fantástico*. Mas foram as novelas que alçaram o prestígio da TV Globo, mantiveram-na como líder de audiência e constituíram a principal base das receitas da estação.

Algumas novelas tratavam de temas históricos mas não prendiam muito a audiência. A de maior sucesso foi *Escrava Isaura* (1976-77), uma história universal de amor com foco na escravidão. Ela foi reproduzida pela Univisión e transmitida para toda a América Latina; a mesma história, porém em espanhol. A Globo detém os direitos autorais de suas novelas e pode, portanto, vendê-las para o estrangeiro; caso duble a história com os atores brasileiros, a estação ainda consegue um adicional nos lucros. Se a emissora estrangeira desejar produzir ela mesma a novela, a TV Globo vende o script, como o fez, por exemplo, na Inglaterra, Escandinávia, Oriente Médio e China. Viajando certa vez pela China, em 1993, uma moça chinesa no ônibus disse-me que tinha assistido *A Escrava Isaura*.

Depois que passamos a fazer as coisas ao nosso jeito, não mais contratamos artistas consagrados. Isso aconteceu após termos sob contrato Tarcísio Meira e Glória Menezes. Julgamos que nós é que promovíamos os atores com nossas novelas. Em vez, então, de empregarmos astros e estrelas famosos, começamos a desenvolvê-los em casa com pessoas não tão conhecidas. Pegávamos um aspirante a ator ou atriz talhado para o papel, promovíamos os ensaios e ele logo se tornava popular pelas aparições frequentes nas novelas da Globo, atraindo também grandes audiências. Criamos assim um sistema de estrelas próprio. Eles iniciavam com salários modestos que iam, aos poucos, sendo aumentados em função do sucesso obtido.

Caso tal sucesso lhes subisse à cabeça, tínhamos sempre como substituí-los.

Mário Gomes era um jovem e atraente ator, com grandes olhos azuis, que se tornou popular. Então, de repente, espalhou-se o boato de que ele era homossexual, uma terrível inverdade: o rapaz, típico machão latino, encantava as mulheres, entre elas algumas atrizes da Globo, o que veio a gerar ciúme e inveja de outros homens. A boataria cresceu tanto que, mesmo após vários desmentidos, por longos anos Mário Gomes viu sua carreira estacionada e demorou a se recuperar profissionalmente.

Sintetizando, foi assim que passou a funcionar o núcleo das novelas, mais ou menos semelhante ao que ocorre hoje com os seriados americanos. Os estúdios de televisão nos Estados Unidos não contratam mais artistas de renome. De que serve pagar um dinheirão para ter uma Elizabeth Taylor ou outra figura de primeira grandeza? A Globo aboliu o sistema antigo de estrelas e o substituiu por outro sobre o qual podia exercer controle. Da mesma maneira que formávamos e promovíamos atores, podíamos rebaixá-los num minuto. Depois de populares, caso desejassem continuar trabalhando conosco, jamais os despedíamos. Quando envelheciam, adaptávamos os papéis que podiam desempenhar, às vezes menos importantes, mas ficávamos com eles. É assim que a TV Globo vem procedendo ao longo de todos esses anos.

Os artistas são mantidos, mesmo que não trabalhem o tempo todo. Grande parte da responsabilidade por esse processo coube a Daniel Filho, uma pessoa-chave, realmente chave. A seleção dos atores para os diversos papéis da novela era tarefa do diretor, depois de consulta ao autor. Quando Daniel não gostava de determinada pessoa, ela ia para a "geladeira". Em alguns desses casos, o não selecionado recorria a mim, como foi o caso da atriz Suzana Vieira, que me procurou para dizer: "Senhor Wallach, o senhor pode me ajudar? Ele não gosta de mim", e por aí foi.

Daniel Filho era um dos mais criativos e voláteis diretores da estação. Ele nasceu no seio de uma família de artistas e herdou a vocação. Daniel mantém em casa a maior coleção particular de filmes de todo o país. Era um boêmio, porém muito inventivo, e entendia bastante de direção. No começo, ele e Boni tiveram desavenças, porque os dois eram muito rápidos. Boni falava como uma metralhadora, Daniel, também. Este último jamais se julgou subordinado de Boni; tratava-o em pé de igualdade. Com o passar do tempo, os dois começaram a se entender e, juntos, passaram a trabalhar excepcionalmente bem durante minha estada no Brasil.

Outro diretor maravilhoso era Walter Avancini. Ele dirigiu a novela *Gabriela*, entre outras. Um tipo de pessoa bem diferente, organizada e pragmática. Corria todas as manhãs para manter o corpo em forma. Avancini tinha noção muito própria de como as coisas deveriam ser feitas. Basta assistir *Gabriela* para se ter boa ideia sobre a excelência de seu trabalho.

Boni organizava todo o processo, contudo os diretores tomavam as decisões. Ele criou uma comissão que se reunia todas as manhãs para debater sobre o rumo das novelas. Tratava-se de um trabalho colaborativo sobre os principais aspectos da produção, mas os diretores tinham a palavra final. Os elementos cruciais de uma novela são o autor, o diretor, o cenógrafo e os atores. Esses são os principais, embora muitos outros fatores estejam também envolvidos.

Os autores de novelas assinavam contratos de seis meses ou um ano. Com um contrato de um ano, mesmo que trabalhassem apenas seis meses, o ano era pago integralmente. Caso necessitassem descansar, os autores faziam contratos com salários reduzidos, ou tinham seus contratos cancelados. Em cada novela, trabalhavam normalmente seis escritores, porém um deles era o autor-chefe, evidentemente impossibilitado de fazer tudo. O autor ou autora-chefe esboçava todo o conjunto da obra e o dividia entre os demais escritores, mas não deixava de ter responsabilidade pelo enredo todo. Era ele ou ela quem participava das reuniões da comissão com o pessoal do Boni, frequentadas também pelo diretor da novela.

Os diversos escritores podiam fazer o trabalho em casa, ou onde quisessem, e as partes eram depois reunidas para a coordenação do autor-chefe. De tempos em tempos, revíamos tudo a fim de avaliar o andamento da novela. Analisar um script é tarefa árdua. Um novelista tem que se manter em boa forma física, e todos os nossos escritores se esforçavam por isso. Escrever 30 capítulos não é tão difícil assim, porém dar continuidade a 130 ou 150 deles já é mais complicado. Os autores eram, por diversas razões, mais famosos do que os atores e diretores porque, no cômputo final, tudo gira em torno do enredo. Isso logo aconteceu com Janete Clair e Dias Gomes, mas não tardou a popularizar escritores como Gilberto Braga e Benedito Ruy Barbosa. E muitos outros se destacaram.

 A música faz parte da vida, com sua melodia, harmonia e ritmo, e teve um papel fundamental no sucesso das novelas da Globo, marcando, de forma indelével, os temas e a entrada dos personagens principais. A Som Livre, gravadora afiliada da Globo, criou e distribuiu essa música que cativou o público. O líder da Som Livre, João Araújo, foi o responsável pelo sucesso proeminente deste empreendimento. João, com vasta experiência, é homem criativo, bom administrador, excelente em negócios; moderado e firme, inspirava confiança. A Som Livre atingiu quase 40% do mercado de discos no Brasil, sempre com bons resultados financeiros.

 Hoje em dia, a TV Globo mantém o Projac, uma extensa área no bairro carioca de Jacarepaguá para a produção de novelas e outros programas. Um projeto cenográfico magnífico, criando cidades, casas, praças, etc., de vários países e épocas. Milhares de artistas, técnicos, diretores e produtores trabalham lá. A infraestrutura dos estúdios e equipamentos se compara com as maiores televisões do mundo.

IV
ENERGIAS CRIATIVAS E ANOS DECISIVOS

O ANO DE 1969 FOI O DIVISOR DE ÁGUAS PARA A TELEVISÃO brasileira. Nos Diários Associados não existia unidade. Eles constituíam o que era então chamado de "Condomínio". O chefe de Belo Horizonte dirigia a sua estação, o de Porto Alegre, a sua. Não havia comunicação entre eles, nem estrutura centralizada. Enquanto continuassem assim, teríamos tempo para respirar, mas não sabíamos disso àquela época. Trabalhávamos muito e nos organizávamos. Era isso o que eu fazia, ao mesmo tempo em que me engalfinhava com os dois moços criativos da TV Globo, Walter e Boni. Parecia uma luta de boxe diária. Ficávamos na estação até as onze da noite, discutindo e planejando; depois pegávamos nossas jaquetas e íamos para casa.

Foi um ano decisivo, não só para a TV Globo como também para o país como um todo, pois testemunhou o começo da unificação do território através das comunicações. A primeira providência foi a criação pelo governo da Embratel, que nos permitiu o estabelecimento de uma verdadeira rede nacional penetrando por todo o país. O governo cobriu o território com links em micro-ondas para a telefonia. Até então, apenas um em cada 35 habitantes possuía telefone. Sem comunicações telefônicas, como era possível o país progredir? As micro-ondas de telefonia podiam servir também, subsidiariamente, para o tráfego dos sinais de televisão. A Embratel nos cobrava um preço salgado para a transmissão, mas passamos a ter condições de difundir, em 1969, para todo o país, nosso programa de notícias diárias, o *Jornal Nacional*, e aquele foi o começo de uma rede genuína. Embora o noticiário fosse um pouco censurado, o fato é que o transmitíamos para toda a nação.

A grande liderança na criação e expansão do *Jornal Nacional* era Armando Nogueira, que dirigiu o jornalismo da TV Globo a partir de 1966. Muitos anos antes Armando era cronista esportivo no ramo do futebol. Na TV Globo, se tornou responsável pelo conteúdo diário que entrava no ar, sob a supervisão direta de Roberto Marinho. Seu trabalho durante o regime militar no Brasil não era fácil. Entre os desejos de seus jornalistas, a censura do governo e Dr. Roberto, Armando enfrentou um trabalho muito árduo. Era um homem calmo, moderado e sábio, além de ser um excelente jornalista. Assessorando-o e sempre a seu lado estava Alice-Maria, uma jornalista extraordinária, sempre com a "mão na massa".

Com a expansão do *Jornal Nacional* em 1969, Armando e sua equipe do Rio criaram um centro de coordenação de notícias que, realmente, estabeleceu o *Jornal Nacional* da TV Globo como a maior fonte de informações para o público brasileiro.

Três outros acontecimentos ocorreram em 1969. Um deles foi o sequestro do embaixador americano Charles Burke Elbrick (4 de setembro), perpetrado pelos grupos de esquerda. Mais tarde, os cônsules do Japão e da Alemanha foram também sequestrados. Muitos os chamavam de terroristas, mas eram pessoas que se opunham à ditadura militar. Eles sequestraram o embaixador Elbrick e criaram um grande embaraço para o governo, que não sabia o que fazer. Finalmente, as autoridades concordaram com a troca do embaixador pela libertação de 15 militantes, que foram levados para o México. Esse foi o preço pago pelos militares.

Depois que o embaixador foi solto, ele concordou em conceder uma entrevista coletiva, e nos dispusemos a cobri-la. Correspondentes de todas as redes americanas e inglesas de televisão – NBC, CBS, ABC, BBC e outras – chegaram à nossa sede com a expectativa de transmitirem a entrevista para o exterior. Os militares reagiram: "Não, vocês não podem fazer isso. Não permitiremos". Aquela seria a primeira vez que faríamos uma transmissão via satélite, e os estrangeiros tinham vindo de várias redes para mostrar o que acontecera com o embaixador, mas os militares estavam irredutíveis. Dois dos repórteres, que eram *freelancers*, gostavam realmente de beber; outro era um honesto e amável jornalista; um quarto trabalhava em tempo parcial para as redes, e eram eles que transmitiriam para os Estados Unidos e Inglaterra as notícias sobre o sequestro do embaixador, fazendo uso de nossas instalações.

O governo continuou reagindo: "Não, não permitiremos". Os jornalistas estrangeiros espernearam: "Ditadura!

Vocês sabem que não têm como impedir isso". Dissemos aos militares que o operador de câmera filmaria a entrevista e que, de qualquer maneira, as notícias sairiam no dia seguinte na mídia estrangeira. As autoridades por fim cederam, porém alertaram Marinho: "Vamos deixar que você decida, mas cuidado com o que eles vão pôr no ar". O Dr. Roberto replicou: "Não, não vou tomar essas decisões". A argumentação demorou algum tempo, mensagens foram trocadas até que os militares finalmente concordaram: "Está bem, vamos autorizar a entrevista via satélite exatamente como os correspondentes estrangeiros desejam".

A entrevista coletiva de Elbrick, no consulado americano localizado no Rio de Janeiro, durou duas horas, mas os jornalistas estrangeiros transmitiram apenas cerca de três minutos via satélite. Desnecessário dizer que eles selecionaram os trechos mais dramáticos, totalmente fora do contexto, e foi assim que as pessoas dos respectivos países tomaram conhecimento sobre o incidente ocorrido no Brasil. Quando vi o resultado da transmissão, comecei a questionar todo o conceito de liberdade da imprensa. Raciocinei com meus botões: "O que é liberdade de expressão? É isso aí, quatro pessoas, duas das quais bêbadas, repassando notícias para o mundo? Por que Roberto Marinho e a TV Globo, ou mesmo os militares, não poderiam fazer a mesma coisa?"

Poucos meses antes do sequestro, ocorrera um fato extremamente importante: incendiaram totalmente nossa estação de TV de São Paulo (13 de julho de 1969). Roberto Marinho telefonou para mim numa noite de domingo, enquanto eu assistia televisão, e disse-me que nossa sede paulista estava em chamas. Walter, Arce e eu pegamos o carro e, às onze da noite, partimos para São Paulo. Não foi uma viagem fácil. Boni já estava lá. Meu carro enguiçou na estrada e tivemos que pegar um ônibus. Quando chegamos, na manhã seguinte, o prédio estava reduzido a cinzas. Não restara coisa alguma.

Fomos então à TV Bandeirantes e Walter perguntou ao proprietário, João Saad, se poderíamos utilizar seus estúdios. Ele respondeu que não tinha certeza e pediu que voltássemos ao assunto mais tarde. Na manhã seguinte, a emissora dele também pegou fogo! Especulou-se, na época, que grupos de esquerda ligados à luta armada teriam provocado os incêndios nas três estações. A nossa sofreu os maiores estragos. Além disso, houve também tentativas de atingir nosso transmissor com metralhadoras. Por sorte, a torre estava situada num local bem elevado, o Pico do Jaraguá. Para alcançar o alto do morro era necessário utilizar um pequeno trem, tracionado por correntes, e não souberam operá-lo; assim mesmo, tentaram metralhá-lo, mas não conseguiram derrubar a torre ou danificar o transmissor, então fugiram antes que fossem capturados.

Naqueles dias, os militares estavam por todos os lados. Alguns de nossos jornalistas foram detidos e presos e tivemos que ajudá-los. A censura era forte nas matérias que iam ao ar. Muitos de nossos jornalistas e artistas eram antimilitares e simpáticos aos grupos de esquerda. Nosso mundo experimentava muitas agitações àquela época. Nem tudo era preto ou branco.

Tudo isso aconteceu em São Paulo exatamente quando os americanos colocavam o primeiro homem na Lua (20 de julho de 1969). Boni distribuiu revólveres entre nós, pois ficara óbvio que o incêndio fora provocado por um grupo esquerdista que lutava contra o governo. Andávamos com os revólveres na cintura porque não sabíamos o que podia ocorrer. Além do incêndio na nossa TV Paulista, as estações da TV Bandeirantes e da TV Record, em São Paulo, também foram parcialmente queimadas.

Boni e Walter julgavam que, por ser americano, eu era um alvo provável. Sugeriram que eu ocupasse um quarto no 10º andar do Hotel Jaraguá. Entretanto, os oito andares inferiores do prédio eram usados como escritórios do jornal *O Estado de S. Paulo* e não havia escadas para a saída abaixo do nono andar do hotel. Sem rota de escape, abandonamos a ideia!

Naquele tempo, em São Paulo, produzíamos em português uma novela chamada *A Cabana do Pai Tomás*, baseada no romance de Harriet Beecher Stowe, uma história americana (transmitida entre 07/07/1969 e 01/03/1970). Todos os cenários da novela ficaram destruídos. Para demonstrarmos nossa determinação, Boni dirigiu um programa humorístico de Dercy Gonçalves, ao vivo e em meio aos escombros da TV Paulista, transmitido apenas para os telespectadores de São Paulo.

Na ocasião do incêndio, o sistema de redes de televisão ainda era muito precário, e quase tudo era gravado em fitas ou feito ao vivo. Antes de 1969, existia o mito de que uma boa programação para o Rio não funcionava em São Paulo. Os paulistas, supostamente, gostavam de programas diferentes, por isso adotávamos grades distintas para as duas cidades. Tínhamos um show de variedades com Roberto Carlos que era transmitido para São Paulo mas não para o Rio. Chacrinha, por exemplo, viajava seguidamente entre as duas cidades. Fazia um programa ao vivo às segundas e quartas-feiras no Rio, e às quintas e sábados em São Paulo. Vivia na ponte aérea. Gravávamos as novelas em fita e as enviávamos para cada cidade. Portanto, não era possível transmitir programação simultânea para diferentes cidades até 1º de setembro de 1969, quando o *Jornal Nacional* estreou em rede nacional, gerado no Rio e retransmitido para as outras emissoras afiliadas. Foi o primeiro telejornal a utilizar de forma integrada o sistema de micro-ondas instalado pela Embratel. Nossas instalações no Rio também não eram muito espaçosas.

O incêndio provocou, sem querer, outra grande mudança: a noção de produção e transmissão a partir de um único local. Quando a estação de São Paulo virou cinzas, ficamos paralisados, e Boni foi obrigado a conceber programas em cima de destroços. Não sabíamos realmente o que fazer. Walter e Boni desejavam construir um grande e novo estúdio em São Paulo, uma metrópole então com seis milhões de habitantes. Argumentavam pela necessidade de um vasto centro de produção na capital paulista. Procuramos outros estúdios na cidade, como os das empresas cinematográficas Vera Cruz e Maristela.

Depois de conversarmos com nosso diretor de engenharia, coronel Wilson Brito, e com os técnicos, pareceu que reduziríamos substancialmente os custos em São Paulo caso conseguíssemos transferir a produção para o Rio. Tentei convencer os dois de que não tínhamos dinheiro para reconstruir as instalações de São Paulo e lá continuar realizando a programação; deveríamos levar os artistas de São Paulo para o Rio e hospedá-los num hotel. Nossos espaços no Rio eram acanhados, os estúdios muito pequenos. Assim mesmo, julguei que, pelo menos temporariamente, deveríamos produzir tudo no Rio. Walter e Boni se rebelaram veementemente contra a ideia.

A troca de pontos de vista foi acirrada, e levamos o assunto a Roberto Marinho. Irritado, comecei a fazer caminhadas pela praia de Ipanema, convencido de que os argumentos dos dois prevaleceriam. Finalmente, Marinho decidiu tentar fazer tudo na sede, um grande passo à frente na história da TV Globo: começar a produzir só no Rio, em vez de nas duas cidades. Foi, de fato, a ocasião em que o conceito de rede se materializou. A despeito das dificuldades, concentramos toda a produção no Rio de Janeiro; alugamos casas nas vizinhanças de nossa sede, no bairro do Jardim Botânico, para ampliar o apoio à produção.

Felizmente, tínhamos segurado nosso prédio em São Paulo. A sorte foi que nosso diretor da estação paulista, Luiz Eduardo Borgerth, havia providenciado o seguro, mas nossa apólice não cobria incêndio deliberadamente perpetrado por terceiros, tais como ataques terroristas. Sandoval Alecrim, nosso corretor, conseguiu fazer com que o Instituto de Resseguros do Brasil (IRB), que atuava como agência reguladora do setor, declarasse que o motivo do sinistro fora um curto-circuito.

Em São Paulo, alugamos o Cinema Miami, na rua Marechal Deodoro, e os quatro andares acima dele, aos quais tínhamos acesso por um raquítico elevador que mal aguentava três pessoas. Durante alguns anos, aquelas foram nossas instalações em São Paulo para a produção jornalística, programação local moderada, centro de engenharia e escritórios administrativos. Alugamos também um prédio maior, numa rua importante, para nosso departamento de vendas, de onde saíam 70% das receitas da rede com a publicidade. São Paulo era onde se fazia negócios. O Rio era o centro cultural e artístico da rede.

Apesar das dificuldades, o ano teve um final feliz no Rio, pouco antes do Natal, no restaurante Antônio's, no Leblon. Em 1966, costumávamos almoçar no Nino, na rua Bolívar, em Copacabana, um pouco longe da TV Globo. O chefe dos garçons, Antônio, concordou em abrir um pequeno restaurante na rua Bartolomeu Mitre, no Leblon, e nós cinco da TV Globo éramos seus fregueses habituais. Havia um pequeno bar e mesas para 18 pessoas. Nos primeiros dias, José Octávio entregava ao Antônio o cardápio para nossos almoços semanais. Aos poucos, outras pessoas do meio artístico começaram a aparecer por lá, como Tom Jobim, Vinicius de Morais e Marcos Vasconcellos. O Antônio's ficou famoso e se tornou muito frequentado. Poucos dias antes do Natal de 1969, estávamos almoçando na nova e pequena varanda do restaurante quando, de repente, surgiu na rua, vindo em nossa direção, um grande ônibus, do tipo Greyhound, tocando a buzina, e com Boni sentado no banco da frente. Tratava-se de nossa primeira estação móvel de televisão, comprada de Pipa Amaral, e que era usada em Belo Horizonte. A alegria foi grande e esgotamos todo o estoque de bebidas do Antônio's naquela tarde.

AFILIADAS E EXPANSÃO

A TV Globo começou suas transmissões em abril de 1965. Naquele tempo, Roberto Marinho possuía apenas duas licenças originais, concessões dadas pelo governo federal em 1957, para operar a TV Globo no Rio de Janeiro, e em 1962, para a TV Globo de Brasília. As demais concessões foram adquiridas com a compra de estações de outros grupos: as emissoras de São Paulo e do Recife foram compradas das Organizações Victor Costa, em março de 1966; a de Belo Horizonte, junto com as retransmissoras de Juiz de Fora e Conselheiro Lafaiete, do grupo de João Batista do Amaral, em fevereiro de 1968. Nos primeiros três anos de operação, concentramos nossa energia na tarefa de capturar a audiência dos dois mercados mais importantes, Rio de Janeiro e São Paulo, contra uma concorrência feroz. Também carecíamos de capital e capacidade técnica para voos mais altos, além dos entraves jurídicos dos contratos com a Time-Life para a expansão.

Entre 1968 e 1969, começamos a criar afiliadas que operavam estações em várias regiões do país. Inicialmente, deixávamos a cobertura do estado todo com a afiliada; as divisões de áreas vieram depois. Os contratos normalmente eram por um ano; porém, com algumas exceções, as mesmas afiliadas continuaram conosco por muitos anos.

Uma iniciativa pioneira foi feita no estado do Rio Grande do Sul, onde Maurício e Jaime Sirotsky começaram a parceria em 1969, e a família continua afiliada até hoje. Duas grandes exceções ocorreram ao longo do caminho. No Paraná, nossa afiliada inicial era de propriedade de Paulo Pimentel, um bom empresário e ex-governador do estado. Em 1976, o governo militar discordou das opiniões políticas de Pimentel, que era uma pessoa vistosa, brilhante, determinada e muito honesta. Seu arquirrival político, senador Ney Braga, convenceu o governo a pressionar Roberto Marinho em relação à afiliação no Paraná. Os militares queriam se ver livres de Paulo Pimentel. Tivemos que procurar outro parceiro. A situação foi bastante desconfortável e muitos de nós ficamos desapontados. Walter estava tão aborrecido que desejou sair da empresa. A irritação era generalizada. Esse foi um dos poucos episódios em que Roberto Marinho cedeu. Substituímos Paulo Pimentel por Francisco Melo Cunha e seu parceiro Lemanski. Naquela afiliação, a TV Globo ficou com 50% da propriedade, o que persistiu por muitos anos.

Outra exceção interessante aconteceu no estado da Bahia. Nosso primeiro afiliado foi o governador Luís Viana Filho, respeitada figura em Salvador. Alguns anos mais tarde, ele foi derrotado nas eleições por Antônio Carlos Magalhães, que se tornou governador. Antônio Carlos e Roberto Marinho tinham bom relacionamento, e a convivência aumentou depois que o baiano assumiu o Ministério das Comunicações em 1985. No ano seguinte, a NEC do Brasil, empresa brasileira de eletrônica de propriedade de Mário Garnero, estava sendo acusada de irregularidades, enfrentava processos na justiça e pedira concordata. O Ministério das Comunicações, um dos principais clientes da empresa, havia cancelado todos os pagamentos devidos e encomendas, e rompido as relações comerciais. Procurado pelos japoneses da NEC para encontrar um sócio no Brasil que recuperasse a credibilidade da empresa, Antônio Carlos Magalhães apresentou oito possíveis candidatos, dentre eles Roberto Marinho. Roberto foi o escolhido e a Globopar assumiu o controle acionário da NEC do Brasil. Paralelamente, Roberto já manifestava o desejo de mudar a afiliada da Rede Globo em Salvador, trocando a TV Aratu pela TV Bahia, pertencente à família de Antônio Carlos. A mudança, ocorrida após a compra da NEC, provocou polêmicas, e todo o episódio chegou a ser objeto de uma Comissão Parlamentar de Inquérito. A CPI se arrastou anos a fio e Roberto Marinho foi completamente inocentado ao final do inquérito.

Outros afiliados de primeira hora foram Dona Conceição Lobato de Castro, no Pará, e Edson Queiroz, no Ceará. Os termos dos acordos com as afiliadas variavam. Por volta de 1970, quando nossa rede ficou firmemente estabelecida, organizamos a relação com as afiliadas de forma mais uniforme. Cada uma detinha 50% do tempo total da publicidade para a propaganda local e a receita dessas vendas era delas. Os outros 50% do tempo se destinavam à publicidade de âmbito nacional, e as receitas eram divididas igualmente. A Globo fornecia a programação sem custo para a afiliada. Tempos depois, dividimos o território dos estados com mais afiliadas – foi uma forma de aumentar nossa cobertura e as receitas. À medida que nossa audiência crescia, todos prosperavam, nós e as afiliadas.

Com o aumento da população do país, o governo fez novas concessões para a operação em diversas cidades. Entre elas estavam Campinas e Ribeirão Preto, no estado de São Paulo, antes cobertas através de retransmissores. José Bonifácio Coutinho, proeminente banqueiro do estado, ganhou as licenças. Ele e seus dois filhos procuraram a TV Globo e solicitaram a desejada afiliação para as duas cidades. Consegui fechar um bom acordo: eles construiriam e operariam as estações e nós ficaríamos com 50% da propriedade e dos lucros. Caberia a nós a entrega da programação nacional e também as vendas em âmbito nacional, das quais receberíamos 50% das receitas. As vendas locais seriam deles. O Dr. Roberto demonstrou sua satisfação pelo acordo com um largo sorriso.

A partir de então, a TV Globo usou esse procedimento, sempre que aplicável, com as novas afiliadas. Quando me aposentei, em 1980, tínhamos 30 afiliadas, nossas estações próprias nas cidades importantes e incontável número de retransmissoras espalhadas pelo país. Hoje, a Rede Globo possui 122 emissoras – cinco associadas e 117 afiliadas que cobrem todo o território brasileiro.

1970 foi um ano emblemático. O acordo com a Time-Life terminou e pudemos nos expandir livremente. Dois anos antes, Roberto Marinho comprara, em condições bastante favoráveis, a TV Belo Horizonte de Pipa Amaral. Foi o começo da Rede Globo de Televisão, a rede nacional.

Estávamos então ligados por micro-ondas, em tempo real, com os três principais mercados brasileiros: Rio-São Paulo-Belo Horizonte.

Walter Clark liderou o processo de cumprimento dos prazos. Criamos nossa estação própria em Brasília em 1971. No início, um pequeno estúdio foi estabelecido na torre de televisão da cidade, construída pelo governo para todas as estações transmissoras. De lá, difundíamos tanto o noticiário local quanto o nacional. Três anos depois, compramos um terreno e construímos elegantes instalações para nosso quartel-general. Afrânio Nabuco foi nosso gerente regional, Antônio Drummond o diretor de jornalismo, e Edgardo Erichsen nossa ligação com o governo militar.

Em 1973, demos início à nossa operação em Recife. Importamos um transmissor usado do Chile e uma nova antena da Itália. Montamos tudo na antiga cidade de Olinda, bem no alto de um morro, que descortinava as planuras do Recife. Repetimos o processo: primeiro um pequeno estúdio com o necessário equipamento ao pé da torre. O padre local abençoou a estação, e entramos no ar. Antônio Humberto Lucena foi nosso primeiro gerente regional, mas ele faleceu pouco depois, acometido de enfermidade bacteriana. Walter Clark mandou então para lá Paulo César Ferreira, que fez excelente trabalho, alastrando nosso sinal por Pernambuco todo e ainda por João Pessoa e Natal.

Mas o estrondoso sucesso da Rede Globo de Televisão estava prestes a ocorrer noutra área: o vasto, rico e inexplorado interior do estado de São Paulo. Nos anos 1960, nossa presença no interior paulista se limitava a uma pequena estação em Bauru, cidade então de mediana importância, entroncamento ferroviário e bem no meio do estado. Sua fama vinha do atraente bordel lá existente, um motel luxuoso de veraneio com prostitutas residentes, frequentado por gente de fora da cidade que pretendesse relaxar por, digamos, uma semana. Nossa estação de Bauru operava com pequena equipe e transmitia principalmente programas gravados em fita. O pai de Walter Clark, Sr. Bueno, tinha experiência como engenheiro de radiodifusão. Em 1969, Walter contratou seu pai como gerente-geral da estação de Bauru, e ele foi para lá com o objetivo de expandir nossas operações.

Uma das maiores aspirações de nossas vidas era levar o sinal da TV Globo para além da capital paulista e conquistar o interior. As pessoas só faltavam implorar por nossa programação. Em 1973, Boni, Dionísio Poli, Ernesto Amazonas, Adilson e eu começamos a voar em pequenos "tecotecos", fossem quais fossem as condições meteorológicas, pelo próspero interior paulista, e o fizemos por algumas semanas. Fomos a Barretos, Marília, Presidente Prudente, São José do Rio Preto, Ourinhos, Campinas, Piracicaba e Ribeirão Preto, só para mencionar algumas cidades. Fizemos reuniões com inúmeras autoridades e funcionários. Finalmente, estabelecemos estações de micro-ondas e retransmissores para cobrir cerca de 400 cidades e vilas em quase todo o território de São Paulo. Ernesto Amazonas executou o ambicioso projeto com consultoria de engenheiros. Amazonas negociava com as autoridades locais, e o prefeito cedia pequeno terreno e estruturas incipientes para que fosse instalado o equipamento por nós fornecido. Importamos antenas usadas de micro-ondas dos Estados Unidos, a preços bem baixos. No prazo de dois anos, o estado de São Paulo estava todo coberto. O interior paulista, que denominamos SP-2, tornou-se maior fonte de renda do que a própria capital. Os anunciantes podiam comprar tempo de comerciais para a cidade de São Paulo (SP-1), para o interior, ou para ambos. Bastava os engenheiros acionarem algumas chaves na capital para que o sinal se espalhasse onde necessário pelo interior. Ganhamos a dianteira naquela corrida pela audiência, por volta de 1975-76, com a mais poderosa rede de televisão no Brasil.

Nesta época de expansão desabrocharam vários setores na rede. O Departamento Comecial, com novas áreas de vendas e afiliados no interior, começou a estruturar a equipe e os métodos de venda. O líder, José Ulisses Arce, com a ajuda de Yves Alves, Dionísio Poli, Augusto César Duarte, Raimundo Nonato e outros, criou uma máquina comercial insuperável. Também o Departamento de Engenharia fez um trabalho formidável. A implantação e coordenação da distribuição técnica da TV Globo no vasto país foi um tremendo desafio. No entanto, tudo foi feito de forma rápida e eficiente. O chefe deste empreendimento foi Adilson Pontes Malta. Adilson começou na TV Rio em 1959; foi para a TV Globo em 1968 como assistente técnico, e depois se tornou um dos principais executivos da rede. Ele estava a par de todos os novos avanços técnicos mundiais. Administrador primoroso e homem de negócios com uma visão ampla sobre as comunicações, ele é calmo, mas também forte e sensato;

muitos dos engenheiros que trabalharam com ele continuam hoje reunidos numa associação.

Em 1976, houve um incêndio no Rio. Lembro-me exatamente de como aconteceu. O Boni e eu estávamos em São Paulo quando ele me disse: "O Rio pegou fogo". Entramos no primeiro avião e chegamos rápido à rua Von Martius. Era vital entrar nas instalações em chamas e salvar as fitas com as novelas gravadas. As pessoas se cobriam com tecidos encharcados com leite na tentativa de resgatar as fitas. O Dr. Roberto e o governador Chagas Freitas, de pé do outro lado da rua, observavam aquela agitação. Tudo era fumaça. Faltou água para os bombeiros, a situação ficou muito difícil. Graças a Deus, um ano antes, tínhamos comprado um edifício na rua Lopes Quintas, que estava sendo construído para apartamentos residenciais. O Dr. Roberto não queria adquirir o prédio, pois ele já estava quase pronto, inclusive com banheiros instalados. Tentamos de todas as formas convencê-lo, e cheguei a dizer-lhe: "Dr. Roberto, se não comprarmos o prédio, não vai dar pé. Já alugamos casas demais por aqui e continuamos precisando de espaço". Ele acabou concordando. Adquirimos o imóvel por aproximadamente 8,5 milhões de cruzeiros na época, e foi nossa salvação. Depois do incêndio, alojamos mais pessoas no prédio novo mas passamos um sufoco. Não havia dinheiro naquela época para construir um Projac, que não passava de um sonho. Alugamos então estúdios de Herbert Richers e compramos o Teatro Fênix, na Lagoa, que passou a ser o palco para os shows.

A venda de nossa programação no mercado internacional começou pela Espanha, América Latina e Estados Unidos. Dublávamos os programas em espanhol no México. Nossa receita não era muito grande mas crescíamos em termos de presença. Portugal também caiu de amores por nossas novelas. Por volta de 1975, criamos um escritório em Londres para as notícias e vendas internacionais. A partir da capital da Inglaterra, Roberto Felipelli deu início ao projeto de vendas de programas para a Europa e Oriente Médio. Em 1978, a programação da Globo era vendida para 40 países, entre os quais podem ser citados Inglaterra, Itália, Suécia, China e Alemanha. O grande salto nas vendas internacionais foi dado sob a liderança de Jorge Adib, que participou de todas as convenções internacionais de televisão e, por volta de 1990, as vendas já eram feitas para 60 países. Hoje em dia, sob a chefia de Ricardo Scalamandré, a Globo Internacional é uma máquina sofisticada, vendendo a programação da Globo, ao vivo e via satélite, para assinantes individuais em muitos países, que pagam mensalidades. A TV Globo também faz coproduções com redes estrangeiras, e alcança maior audiência do que qualquer rede de televisão dos Estados Unidos. Ela é uma das maiores e mais bem-sucedidas redes comerciais de televisão do mundo.

ENERGIAS CRIATIVAS

Durante certo período de tempo, trouxemos para a Globo muitas pessoas e organizamos uma diversificada equipe de líderes na nossa rede. São essas pessoas que estão por trás dos cenários, dos atores e dos apresentadores. Já em 1980, 35 executivos dirigiam a Globo. Mas aqueles poucos do período inicial é que verdadeiramente batalharam como pioneiros. Gente extremamente inteligente; não muito experiente, porém bem mais brilhante do que o pessoal das outras redes. Na realidade, não sei como aquela equipe se amalgamou; simplesmente aconteceu. Foram pessoas provindas de outros ramos de atividades, que eram boas no que faziam e muito dedicadas.

No começo, a maioria daqueles jovens ou era solteira ou divorciada. Chegávamos para trabalhar de manhã e as conversas giravam em torno dos encontros amorosos da noite anterior e dos mexericos em voga. A primeira meia hora de todas as manhãs era em volta da mesa de Walter. Era lá que se falava sobre as noitadas, e eu sentado, só escutando. Tagarelavam que nem mulheres. Alguns contrataram secretárias, que nem precisavam ser eficientes. O assunto era um só: mulheres.

O dia de trabalho só começava meia hora ou uma hora depois. Evidentemente, eles tinham diferentes modos de pensar mas eram muito criativos. Tivemos que partir da estaca zero, pois não existia audiência e perdíamos um monte de dinheiro. O grande problema era descobrir a maneira de sair daquela situação e participar mais efetivamente do jogo.

Walter Clark contratou José Octávio Castro Neves como gerente de vendas. Aos 27 anos de idade, ou perto disso, ele já era um rapaz brilhante, parecendo vir diretamente da era renascentista, uma das mais exuberantes figuras da TV

Globo. Quando Walter Clark decidiu vir trabalhar conosco, a condição foi que José Octávio também viesse como seu assistente. Eles eram amigos do peito, cresceram juntos no Rio, quase como irmãos. As palavras de Clark eram lei para José Octávio, um homem de metro e noventa de altura, forte, vistoso, grandes olhos castanhos, cabelo ondulado, precocemente grisalho e cortado curto. José Octávio era uma personalidade imponente mas que sempre aparentava calma e tranquilidade. Na juventude, estudara por alguns anos na França e falava diversas línguas. Quando se conversava com ele, era difícil saber o que pensava. Uma pessoa gentil, que se comunicava aos arrancos, e extremamente inteligente, José Octávio se tornou um bom gerente de vendas no Rio mas não sabia administrar pessoas; um homem de ideias que precisava de uma boa equipe trabalhando com ele. E ele a tinha: o grupo de vendas, umas 12 pessoas; além disso, ele precisava se relacionar com as agências de publicidade e desempenhar outras atividades correlatas.

Não vou falar muita coisa sobre a vida particular de José Octávio. Tocarei apenas em alguns aspectos pitorescos. Ele fora casado e se divorciara; a moça era lésbica mas José Octávio não sabia disso à época do matrimônio. Três lindas jovens viviam no seu apartamento na Visconde de Pirajá, em Ipanema, trabalhavam para ele e recebiam salário pago por José Octávio. Uma delas, a atriz Tânia Scher, bela garota, cozinhava; outra, chamada Ionita, era uma espécie de governanta; mais tarde ela se casou com um dos Guinle e se tornou Ionita Guinle; a terceira era sua motorista. As três eram atrizes desempregadas e José Octávio pagava-lhes certa quantia mensal, com uma ressalva: "Vocês podem viver aqui, mas com uma condição: não dormirão comigo". Era muito cômico. Havia naquele tempo uma casa noturna no Rio, chamada Le Bateau, onde José Octávio fazia entradas triunfais com as três belas moças penduradas em seus braços.

Em determinadas ocasiões, ele convidava alguns de nós para almoçar em seu apartamento. E lá íamos nós, Walter, eu e um ou dois companheiros de trabalho. Tânia Scher, de ascendência russa, preparava almoços deliciosos. Fazíamos a refeição e voltávamos para a TV. Foi no auge da Bossa Nova, e o Brasil era muito diferente. Podia-se ver a praia de Ipanema da janela do apartamento de José Octávio. Trabalhávamos duro, dia e noite. Tirávamos menos de duas horas para o almoço porque havia muito trabalho. Começávamos às dez da manhã e íamos até onze da noite. Nossa vida era aquela televisão.

Finalmente, o Dr. Roberto soube do arranjo no apartamento de José Octávio. Todo o mundo no Rio sabia. O Dr. Roberto convocou-me ao jornal e disse: "O que é isso? Esse rapaz com as três moças, ele é o gerente de vendas da empresa! Isso não pode continuar. Você tem que mandar esse moço sossegar". E continuou: "Que espécie de televisão é essa que você dirige com esses selvagens?" Então Walter Clark, José Octávio e eu fomos almoçar no Nino. Walter disse: "José Octávio, o chefe está se queixando de você. Afinal de contas, você é o gerente de vendas da nossa empresa. Chega de saracoteio. É melhor você acalmar o facho. Você precisa ser um homem respeitável. Bom seria que você se casasse e pulasse a cerca de vez em quando". José Octávio dispensou as três belíssimas garotas e se casou pela segunda vez quando se mudou para São Paulo.

No Rio as coisas andavam bem, mas São Paulo continuava nos sugando. Foi uma verdadeira guerra o período de 1967 a 1970. Estávamos muito deprimidos com aquela competição acirrada, com a TV Excelsior, e tudo o mais. Tentávamos produzir em São Paulo. Passado um tempo, tivemos que reorganizar a equipe de vendas paulista. Roberto Montoro não durou mais que ano e meio. Ele se portava como um pequeno ditador com produção própria; julgava-se independente do Rio, com autonomia para fazer o que quisesse. Ele mantinha um alvo de dardos na parede de seu escritório e lançava os dardos para tomar decisões; tudo dependia das faixas coloridas que os dardos atingissem. Montoro começou então a produzir programas e gastar dinheiro, mas os índices de audiência eram baixíssimos. Walter ficou uma fera. Montoro dizia: "A boa programação para o Rio não funciona em São Paulo". Ele era o "rei" da televisão paulista. Fazia um humorístico com Juca Chaves que só passava em São Paulo e era muito pouco assistido, mas São Paulo era seu feudo. Quando Boni entrou em cena, o choque foi inevitável. Boni disse então a Walter: "Ou ele ou eu". Tudo caminhou tão mal que o próprio Walter acabou vindo a mim: "Olhe, Joe, não aguento mais. Ou ele ou eu. Temos que mandar Montoro embora". Nós o despedimos. Montoro, mais tarde, fez sucesso na rádio de sua propriedade.

Walter tinha boa noção sobre o tipo de pessoa que queria para a área comercial. Ele era um homem da programação, entendia de sua estratégia, era muito inteligente e carismático. Selecionou pessoas talentosas para o setor operacional. Normalmente, Walter contratava os candidatos mas antes os apresentava a mim: "Joe, gosto deste aqui". A decisão cabia realmente a ele, mas o fazia com grande deferência, jamais deixando de me consultar se o assunto fosse sério. No entanto, confrontações não eram com ele; as demissões cabiam a mim. Walter nunca soube enfrentar dificuldades. Alguém tinha que fazer o papel de mau.

Quando despedimos Montoro, Walter disse: "Vamos colocar José Octávio em São Paulo e nomeá-lo diretor regional e gerente de vendas". E lá se foi José Octávio organizar as vendas da Globo na capital paulista. Naquela época, eu ia a São Paulo semanalmente porque a situação estava difícil. Audiência quase nula. Tudo era ruim.

Certo dia, fui a São Paulo, entrei no escritório onde deveria trabalhar e vi José Octávio estudando. Ele lia. Entrei e fui dizendo: "José Octávio! Como vai?" Ele estava tão absorvido que nem notou que eu lhe dirigira a palavra. Fui então para a sala ao lado e comecei a trabalhar. José Octávio estava lendo um livro de matemática em francês. Nunca se sabia o que esperar dele. Poucas horas depois, ele gritou: "Joe! Joe! Vem cá. Descobri a solução da nova tabela de preços para os clientes". Ele era assim. Formulou uma nova tabela de preços a cobrar dos clientes, que funcionou muito bem. José Octávio era um intelectual com ideias inovadoras. A ele deve ser dado muito crédito pelo desenvolvimento das vendas naquele tempo.

José Octávio jogava gamão contra ele mesmo. Lançava os dados, movia as peças e depois trocava de lado para repetir o processo. Ele possuía a 11ª edição da Enciclopédia Britânica. Preocupações com o gasto de dinheiro jamais lhe passavam pela cabeça: torrava dinheiro a rodo, e fazia vales com adiantamentos de suas comissões. Comprou um belo automóvel Jaguar. Eram carros feitos na Grã-Bretanha para climas frios e não funcionavam muito bem no Brasil tropical. Não demorou para que ele ficasse devendo muito dinheiro à empresa por causa das constantes retiradas. Passados poucos anos, procurei-o para dizer: "José, você tem que saldar alguns de seus débitos com a companhia", mas ele não tinha dinheiro algum. O débito era tão grande que ele disse: "Veja, Joe, vou lhe dar o Jaguar para saldar minhas dívidas". E o diabo daquele Jaguar ficou um tempão no pátio da estação de televisão sem que pessoa alguma conseguisse fazer com que funcionasse.

A nomeação de José Octávio para diretor regional e gerente de vendas foi um grande desastre porque ele não sabia diferençar um dólar de mil dólares. Não dava a mínima para a administração. A estação paulista ficou de cabeça para baixo. As despesas eram astronômicas. Tivemos então que contratar Luiz Eduardo Borgerth como diretor administrativo, e os dois dividiram nosso escritório da TV Paulista, na rua das Palmeiras, por cerca de um ano. Borgerth formara-se pela Faculdade de Direito da Universidade de Colúmbia e era um homem muito culto e articulado. Quando o contratamos, ele trabalhava no marketing da Ducal, um de nossos clientes. Mas a situação em São Paulo estava tão difícil que nem Borgerth conseguiu dar jeito. Voltou então para o Rio e o encarregamos das vendas internacionais. Ele também passou a secretariar as reuniões da comissão criada por Walter, anotando as decisões. Tempos depois, Borgerth realizou soberbo trabalho, coordenando nossas relações com a Associação Brasileira de Emissoras de Rádio e Televisão (ABERT) e outras organizações internacionais

Em 1968, trouxemos José Octávio de volta para o Rio. Àquela altura, seu cargo de gerente de vendas já era ocupado por um novo contratado, José Ulisses Arce, também muito amigo de Walter Clark, um homem mais ou menos da minha idade que Walter considerava verdadeiro pai. Ele era argentino mas vivia no Brasil há muitos anos. Houve uma grande competição para vermos quem ocuparia a função de gerente de vendas: Arce ou Raimundo Nonato. Nonato era o carioca típico, com grande capacidade de convencimento – um vendedor nato, muito vistoso, com bonito cabelo negro, parecia o Ramón Novarro, astro do cinema mudo. Nonato era um sedutor e, além disso, extremamente empreendedor.

A situação estava nesse pé quando Arce disse: "Dê-me uma chance, Walter, trabalharei seis meses de graça e, se vocês gostarem, ficarei". A impressão foi de que Arce era mais agressivo, por isso Walter o contratou para gerente de vendas. Mais tarde, ele se tornou gerente-geral de vendas para toda a rede e ficou conosco um bom número de anos. Foi Arce que implantou o sistema chamado "rotativo", no qual se vendem comerciais a um anunciante para serem encaixados quando conveniente na grade de programação, e a preço fixo. Ele aprendeu isso numa viagem a Buenos Aires que fizemos ao Canal 13. Quando começamos a operar em rede, o departamento comercial atingiu um alto nível sob a liderança de Arce. Ele saiu da empresa pouco depois que Walter foi demitido. Não pude mantê-lo na TV Globo por causa da sua relação de amizade com Walter.

José Octávio trabalhou por algum tempo subordinado a Arce, no Rio. O outono no Brasil começa por volta de março. Estávamos, portanto, preparando a apresentação de nossos programas para o outono de 1968, a fim de mostrá-la às agências de publicidade. Nos Estados Unidos, tal atividade é chamada de *upfront*, isto é, a venda dos tempos de comerciais antes mesmo das transmissões. Naqueles dias, não era comum no Brasil a prática do *upfront*, mas José teve a ideia de introduzi-la. Para tanto utilizaríamos um navio, o *Rosa da Fonseca*, que outrora explorara o rio Amazonas conduzindo turistas.

O navio era muito conhecido no Rio de Janeiro, e fazia então viagens entre esta cidade e Santos. As pessoas passavam a noite a bordo e depois pegavam a estrada para São Paulo, uma jornada bastante agradável. O navio era elegante, antigo, grande, um tanto obsoleto mas com aparência bem vistosa. A receita com aquelas viagens não era muito expressiva; então José Octávio raciocinou: "Vou negociar uma permuta: trocaremos algum tempo de publicidade na televisão por um passeio a bordo do navio. Não vai nos custar nada". E continuou: "Navegaremos num fim de semana a partir do Rio, com o pessoal das agências e suas esposas a bordo, até Angra dos Reis, e apresentaremos a eles, lá mesmo, toda a nossa programação para o outono. Dá para montar também um show ao vivo no navio". Era uma grande ideia. Convencemos os donos do barco quanto à permuta.

Tudo isso foi conversado dois meses antes do evento. Com o correr dos dias, passei a perguntar: "Como é, José, já mandou os convites?" "Não se preocupe, Joe, não se preocupe", era a resposta de sempre. Bem, uma semana antes da data marcada os convites finalmente saíram. E na manhã do sábado, um dia ensolarado, os convidados, de fato, se apresentaram para o embarque. Zarpamos por volta das onze da manhã. Havia uma piscina a bordo, e não tardou para que muita gente entrasse na água. A bebida rolava. Mais ou menos no meio do caminho, o tempo virou. Nuvens se formaram, começou a chover e o navio a balançar. O enjoo foi generalizado. Como a turma tinha bebido bastante, quase todos se recolheram às cabines. Uma farta e suntuosa refeição fora preparada. Subi para ver: não havia uma só pessoa almoçando!

A parte mais importante da viagem seria a apresentação da programação de outono – o nosso *upfront*. Eu comprara um pequeno gravador Sony nos Estados Unidos: um dispositivo novinho e portátil para a reprodução de fitas, pesando só uns dez quilos. Verdadeira novidade. A apresentação ainda não estava totalmente gravada na TV Globo quando embarcamos. Preocupei-me: "Já estamos saindo. Já estamos saindo...". "Não se preocupe, vamos terminar a gravação, iremos de carro e, quando o navio chegar a Angra dos Reis, entregaremos o material com tempo de sobra", foi a resposta.

No jantar, as pessoas já tinham melhorado. O conjunto MPB-4 fez um show ao vivo. Finalmente, vimos as luzes de um pequeno barco se aproximando, vindo da praia e trazendo as fitas e o reprodutor portátil. José Octávio e Nonato foram categóricos: "Estão chegando bem na hora". A noite estava bem escura. Começou então a tentativa de passar todo o material para o navio, mas com o mar muito batido as duas embarcações jogavam para lá e para cá. Nem é preciso dizer que todo o material foi parar no fundo do mar. Fim da apresentação!

O gravador de onze mil dólares e as fitas, que deram tanto trabalho, se perderam, definitivamente. É óbvio que não mostramos coisa alguma, mas a festança foi grande. Na manhã seguinte, na viagem de volta, passamos diante de Copacabana e um dos agentes de publicidade me disse: "Cara, vocês deram uma grande festa; agora me diga, qual o objetivo de tudo isso?" Só pude responder: "Bem, a ideia foi proporcionar a todos vocês uma boa diversão".

Tempos depois, Walter indicou José Octávio para diretor de operações internacionais. Começamos a vender programas no exterior mas o processo era lento. Ele ficou no cargo por algum tempo e então passou a nos representar nas conferências internacionais. Quando Clark foi embora, tentei manter José Octávio e Arce conosco. Não deu certo por questões de lealdade, amizade e coisas assim, mas essa é outra história. José Octávio saiu da empresa e se envolveu com diferentes atividades. Ele e Walter montaram anos mais tarde o musical *A Chorus Line*, de muito sucesso.

José Octávio sempre foi um grande gourmet; cozinhava bem, oferecia estupendos jantares em São Paulo. Passei longo tempo sem vê-lo. Anos depois, ele abriu um restaurante na Lagoa – rua Maria Angélica – no Rio. Acordava todos os dias bem cedo para ir aos mercados em busca de vegetais frescos e condimentos. Além de supervisionar o restaurante, ele ia para a cozinha; fez isso por alguns anos. É claro que engordou bastante e ficou grandão. Depois, mudou-se para Petrópolis. Chegou ainda a trabalhar, por dois anos, como diretor de programas da TV Bandeirantes. José Octávio faleceu em 2008. Ele deixou marcas indeléveis em nossas vidas.

João Carlos Magaldi foi uma das pessoas mais criativas que trabalharam para a TV Globo. Ele tinha agência própria e um de seus clientes era a Shell Oil Company. Foi com seus esforços que começamos o *Globo Repórter*, no início chamado de *Globo Shell* porque era patrocinado pela companhia petrolífera. Magaldi veio depois trabalhar conosco e passou a comandar todas as promoções. Sempre que surgia a necessidade de uma ideia, Magaldi a tinha. De ascendência italiana, ele era aquele tipo de pessoa bem humorada. Também era de esquerda. Acho que não tinha os Estados Unidos em grande conta. Creio que era um pouco comunista. Esse viés esquerdista, como se pode imaginar, era característico de muita gente na televisão. Então Magaldi veio para a TV Globo e ideias nunca lhe faltaram. Foi ele que nos ajudou a organizar um curso educacional pela televisão.

No Brasil, a educação pública é muito deficiente; sete em cada dez crianças não chegavam aos cursos secundários.

Criamos a Fundação Roberto Marinho, em 1977, e uma de suas primeiras realizações foi o Telecurso de Segundo Grau para estudantes do ginásio. Um grande sucesso. Tínhamos um programa de 15 minutos todas as manhãs e tardes, como parte de nossa programação regular, que cobriam matérias básicas como história, matemática e português. Atores e atrizes conhecidos eram os professores, o que tornava os programas mais atraentes, e ainda fazíamos grande propaganda do Telecurso durante nossa programação. Contratamos vasta equipe de professores – a maioria de São Paulo – para a organização dos currículos e conteúdos. Os 15 minutos iam ao ar antes de as pessoas se deslocarem para o trabalho, e à noite, depois que elas voltavam para casa. Também os retransmitíamos aos sábados para aqueles que, por qualquer motivo, não os tivessem assistido nos dias úteis. Além disso, preparávamos os livretos para o acompanhamento das lições, que podiam ser comprados nas bancas de jornais. Os livretos continham as lições completas das diferentes matérias transmitidas durante a semana, e eram vendidos a baixíssimo preço, de modo que chegamos a distribuir um milhão deles por semana. Surpreendia a quantidade de pessoas que os adquiriam. A certa altura, tivemos cerca de cem mil pessoas estudando nos livretos e assistindo ao Telecurso pela televisão.

Nos exames promovidos pelo governo ao fim do ano escolar, nossos estudantes do Telecurso saíam-se melhor do que os que frequentavam as escolas regulares, motivo de muito orgulho para nós. O programa foi tão bem-sucedido que a Unesco desejou implantá-lo na Índia. A pessoa res-

Meu querido amigo Joe Wallach,
Meus amigos,

eu ainda sou do tempo em que a Rede Globo não fazia sucesso - e aí está o Jorge Adib para comprovar que essa é uma verdade histórica. Não lhes digo isso para me orgulhar de minha longevidade, mas para lembrar uma época em que vivemos momentos de riscos e dificuldades.

Era um tempo de tão surpreendentes experiências profissionais que até mesmo as dificuldades tinham lá o seu pitoresco. E isso me traz à memória uma frase famosa de Dickens: "Bons tempos aqueles, péssimos tempos aqueles".

Em um dado momento, o grupo Time-Life, por força de um contrato de assistência técnica, mandou-me um primeiro, depois um segundo e, finalmente, um terceiro homem para me ajudar na organização da empresa. Eram todos especialistas em algum ramo. Mas havia um problema: as suas especialidades não correspondiam às nossas necessidades. Muito a contragosto, pois que eram pessoas amáveis, tive de dispensá-los. E já meio desesperançado, recebi o quarto representante americano que me era enviado.

Ele me conquistou como conquistou quase todos: pela delicadeza de trato, pela insuperável capacidade de trabalho, pelo senso de organização, pela sabedoria com que desfazia divergências para promover harmonias, e pelo zelo escrupuloso com que tratava, em pé de igualdade, tostões e milhões.

Joe Wallach foi esse homem - e continua a sê-lo. Gostaria agora que todos compartilhassem comigo da

A fala do Dr. Roberto que sempre me comove, em 27 de março de 1998 alegria de poder saudar, em Joe Wallach, o profissional exemplar que ele foi e o amigo perfeito que continua a ser. Na história da Rede Globo e no meu coração, ele ocupa um dos primeiros e um dos melhores lugares.

Que prazer em tê-lo comigo!

Como adoraram a sua presença os seus antigos companheiros das Organizações Globo!

Obrigado, Joe.

Roberto Marinho

27/8/98

Roberto Marinho

J. WALLACH

Rio de Janeiro, 30 de Outubro de 1978

Querido Dr. Roberto,

Conforme nossa última conversa no dia 15 e várias conversas francas durante os últimos 2 anos e meio, entre dois amigos do fundo de nossos corações, é preciso algumas soluções.

Vamos analisar, Dr. Roberto, e tentar harmonizar nossas situações:

Do meu lado -

1) Quero ser mais livre, trabalhando menos intensamente, aproveitando outras facetas da vida, enquanto minha saúde permitir.

2) Quero passar mais tempo perto de meus filhos e netas, gozando desse prazer e ajudando-os sendo o mentor deles

3) Eu gostaria de manter alguma ligação com a Rede Globo, que também é nosso "filho", contribuindo para sua continuidade saudável.

Do seu lado, Dr. Roberto -

1) Você, apesar de sua liderança efetiva sobre o Jornal, Televisão e Rádio, precisa, pelo menos, de um elemento em cada área como seu braço direito.

2) É natural preparar seus filhos abaixo de você para estes postos. Você ainda não tem completa confiança neles quanto à falta de experiência deles e outras restrições. Só o tempo, boa orientação e a situação natural vão conduzí-los neste caminho norm

Cópia da carta enviada por mim ao Dr. Roberto propondo os termos de minha saída da TV Globo. Ele não aceitou que eu me afastasse

J. WALLACH

3) Colocar agora elementos estranhos na cúpula das empresas, com os profissionais existentes e seus filhos, não é uma solução.

Seus filhos, na minha opinião, têm habilidade, desejo e energia coletiva para um dia liderar as empresas. As qualidades de cada um vão reforçar o que falta às vezes num deles. E os profissionais vão respeitar esta colocação.

Eu proponho, só com sua ajuda, ser a ponte entre você e seus filhos, para colocá-los como seus braços direitos efetivos. Você e eu seríamos os mentores, ensinando, orientando, corrigindo, encorajando e implantando-os. Também vamos enriquecer um pouco o bom staff existente nas 3 empresas.

Dessa maneira, Dr. Roberto, você sempre pode manter controle, preparar os filhos e ter um pouco mais de liberdade para você também!!!

No meu lugar, recomendo que você não ponha ninguém. Durante 1979, o ano em transição, Roberto Irenheu, sob nossa orientação vai aos poucos preencher meu trabalho. Octacílio deve continuar com a parte burocrática de administração. Vai funcionar muito bem com a equipe que agora está montada. Quanto ao resto da TV, não será preciso mexer em nada! No fim de 1979 vamos avaliar a situação de novo.

Além da tarefa citada acima, eu gostaria de:

1) Fazer consultoria sobre as linhas administrativas gerais, organização, planos e direção da Rede Globo durante cada semestre.

2) Dirigir as Relações Internacionais da Rede Globo -

    a) Como nosso representante no OTI, EBU e qualquer outro grupo de nosso interesse.

    b) Supervisionar as vendas Internacionai

    c) Negociar e implantar co-produções par Televisão, com produtores estrangeiros numa firma separada com nós doi como sócios.

    d) Manejar qualquer investimento seu particular, seja aqui ou fora do Brasil.

    e) Supervisionar Felipe e o escritório em N.Y.??

3) Eu preciso sempre de um escritório com secretária na Rede Globo. Qualquer salário, etc., deixo a seu critério A única coisa que peço é um título digno - talvez mais um Vice-Presidente da Rede Globo??

Durante 1979, eu gostaria de planejar o ano assim:

15 Janeiro-31 Março - Fora do Brasil. São os meses mais tranquilos com férias, Carnaval, etc.

Abril, Maio, Junho - No Brasil.

Julho, Agosto, Setembro - Fora do Brasil. Também férias e meses mais quietos.

Outubro, Novembro, Dezembro - No Brasil. São os meses mais importantes para o planejamento do próximo ano. Estarei participando ativamente.

J.WALLACH

   Acredito que este plano, Dr. Roberto, vá servir a todos os objetivos de nossos lados. Você sabe que pode contar sempre com minha boa vontade e lealdade a você e sua família. Durante qualquer imprevisto ou emergência, eu voltaria dentro de 48 horas para ficar a seu lado.

   Este passo que está dentro de mim há algum tempo precisa ter uma chance. Eu sinto que é meu caminho. Se errar, eu vou corrigir.

   Prezo muito nossa amizade, construída durante uma fas importante de nossas vidas – inquebrável e profunda enquanto nós vivermos.

           Um abraço

           Joe Wallach

REDE GLOBO

FAX Nº (021) 512.5314
FACSIMILE TRANSMITTAL SHEET:
RIO DE JANEIRO - BRASIL

TO: JOE WALLACK

FROM: J. B. DE OLIVEIRA SOBRINHO

DATE: 24.05.95   NR. OF PAGES 01   (INCL. COVER)

Tenho ficado distante dessas comemorações dos 30 anos, por motivos que você conhece.

Quero dizer que em todos os momentos lembro dos nossos dias e, registrar, que se você não estivesse nessa parada nada teria acontecido.

Não se trata de negar o mérito de outros companheiros, mas foi em você que eu encontrei seriedade e apoio.

Sem você isso tudo teria naufragado pois seria mais uma farra de um grupo alegre de amadores, bem intencionados é verdade, mas amadores.

O único profissional que sempre respeitei foi você e daí minha identificação com seu trabalho.

Você deveria ser o convidado especial da família Marinho. Mas eu também não recebi nenhuma palavra de agradecimento. Só nós dois conhecemos essa história por inteiro.

De qualquer forma, parabéns, querido amigo, pelos 30 anos da Rede Globo.

Abraços,

Boni

Fax enviado a mim por Boni em 1995, quando a Globo completou 30 anos

AGOSTO 1992

CARTA AO ASSINANTE

Prezado Assinante,

Estamos orgulhosos de oferecer a você e a sua família a maior e mais completa cobertura da Olimpíada de Barcelona. A GloboSat, através do empenho de seus profissionais em Barcelona e dos que aqui ficaram, está trabalhando para levar a sua casa a programação especial que nosso canal de esporte — Top Sport — está exibindo. Não tenho dúvidas de que você, nosso assinante, será o grande vencedor deste maravilhoso evento mundial.

Mas nossos canais de cinema, informações e variedades não param e, em agosto, também estão com uma programação especial que você, certamente, irá aprovar.

Um abraço,

Joe Wallach
Joe Wallach
Diretor Geral

GLOBOSAT
Horizonte Comunicações Ltda.
Rua Itapiru 1209/5º andar
20251   Rio de Janeiro RJ
Caixa Postal 13615

Gerente de Comunicação: **Lysia Diniz Leite** (MTB 18.998/87/91V)
Projeto Editorial: **Bernardo Vilhena** e **Felipe Taborda**
Direção de Arte: **Felipe Taborda** e **Geysa Adnet**
Fotos: Agência O Globo

Um anúncio da Globosat de cuja elaboração participei

Castelinho, 1965 - ou 66?

Alberto Cattú, Rubens Amaral, você e eu, lembra-se? Um almoço frugal, Cattú e Rubens muito bem humorados, irreverentes, e você chegando macio, com a simplicidade de usualzinho aportando na cidade grande, diferente de todos os americanos, que eu conhecia e que me eram enviados pela CBS. Ele veio de San Diego. É o homem do "Time Life". Fica pouco tempo e depois volta pra lá, não terá tempo nem de aprender a nossa língua. Telefonei? Lógico que sim. Sabe o que é... Em San Diego, basta apertar um botão...
13 anos depois, você comentou em nosso primeiro encontro. Não me surpreendeu saber que V. tinha entendido tudo que falamos, todos os pisadinhos. Você já me tinha resumido o Jorge. era Sílvio.
Foi um princípio, meu querido Joe, estão ligados a você, indireta e diretamente, nossos 15 anos de vida.

Palavras de Jorge Adib no livro de homenagem dos meus amigos da Globo, em 1980

O meu pucesso na CBS, foi decorrência do sucesso do Globo, que todos recontecem, foi conseguido graças, a sua extraordinária capacidade de trabalho, paciência extremada, tolerância de santo e uma cara de anjo. O MEU AMIGO Carinhoso e com o delicioso sotaque, estará sempre conosco, como a grande marca legada por você, lembrando aos que ficam e aos que chegam - para construir a grande obra - que tudo começou com a partir dela.
Rede Globo de Televisão, Joe Wallach, meu amigo.

Volte logo,
Jorge

Continuação da carta do meu querido Adib

Amigo Joe

O convívio entre os seres humanos é difícil demais. Mesmo quando se quer bem, mesmo quando se respeita e mesmo quando se ama.

Na euforia e na incerteza, no acordo e na divergência, você soube querer bem a todos e a cada um de nós. Você respeitou e valorizou os profissionais. Você amou seus amigos e este nosso país que, hoje, é seu também.

Devemos a você não só o que é a nossa empresa, mas uma lição maior de Convivência!

Por isso estamos tristes. Você não se afasta de vez, mas ficará faltando o seu sorriso amigo em cada minuto de nosso convívio!

Boni

Texto de José Bonifácio de Oliveira Sobrinho, meu estimado Boni, na mesma ocasião

Joe..

Humildade, tolerância e grandeza.

Com essas virtudes, cuidastes

sempre dos teus companheiros.

Agora "cuida de você, Joe."

Beijos

JOÃO ARAÚJO.

Bilhete original de João Araújo na homenagem coletiva

> Joe, dearest:
>
> Na idade da sabedoria que alcançamos, aprendemos que quinze anos não são quinze dias. Devo ter sido dos primeiros a encontrá-lo no Canal 4 íntimo e familiar de 1965. Espero que o futuro não nos separe, ainda que geograficamente estejamos às vezes distantes. Mais do que o convívio, para além dele, permanece para sempre o tratamento amigo com que Você me distinguiu. Você me viu, pessoalmente, e me entendeu. Seja feliz e viva em paz, para que seus companheiros vivamos em paz e continuemos felizes, na medida do possível. "Everything happens to everybody sooner or later if there is time enough" – escreveu G. B. Shaw.
>
> Seu velho Otto Lara
>
> 15. 5. 1980.

O estilo inimitável de Otto Lara Resende na minha despedida

> Vai, Joe
> Vem, Joe
> Do preto-e-branco
> ao color-bar
> aqui (na Globo)
> é o teu lugar
>
> Joe: o próximo
> check-up vai te
> mostrar que
> aumentou muito a
> taxa de (nossa) amizade
> no teu suave coração
>
> Don't go home, Joe

maio 1980

Mensagem do saudoso Armando Nogueira no livro que reuniu depoimentos dos companheiros que trabalharam comigo na TV Globo

17/5/980

Joe

Um dia, em 1953, em Belo Horizonte, minha sobrinha de 2 anos, sentada no meu colo, olhou nos meus olhos e disse:
— Tio, sabe que depois da mamãe, a pessoa que eu mais gosto no mundo é você?
Eu disparei, cheio de orgulho:
— Mentira!...
— Verdade, Tio Mauro. Uma verdade redonda, com um anjinho dentro.
É assim, com a pureza dessa criança de 2 anos, que nós gostamos de você, Joe.

Borjalo

19/5/980

DIRETORIA

Joe

Essas foram as singelas palavras que eu disse a você e que podem ser anexadas ao desenho que dediquei a você

Borjalo

A carta de Borjalo com o seu característico desenho ao final

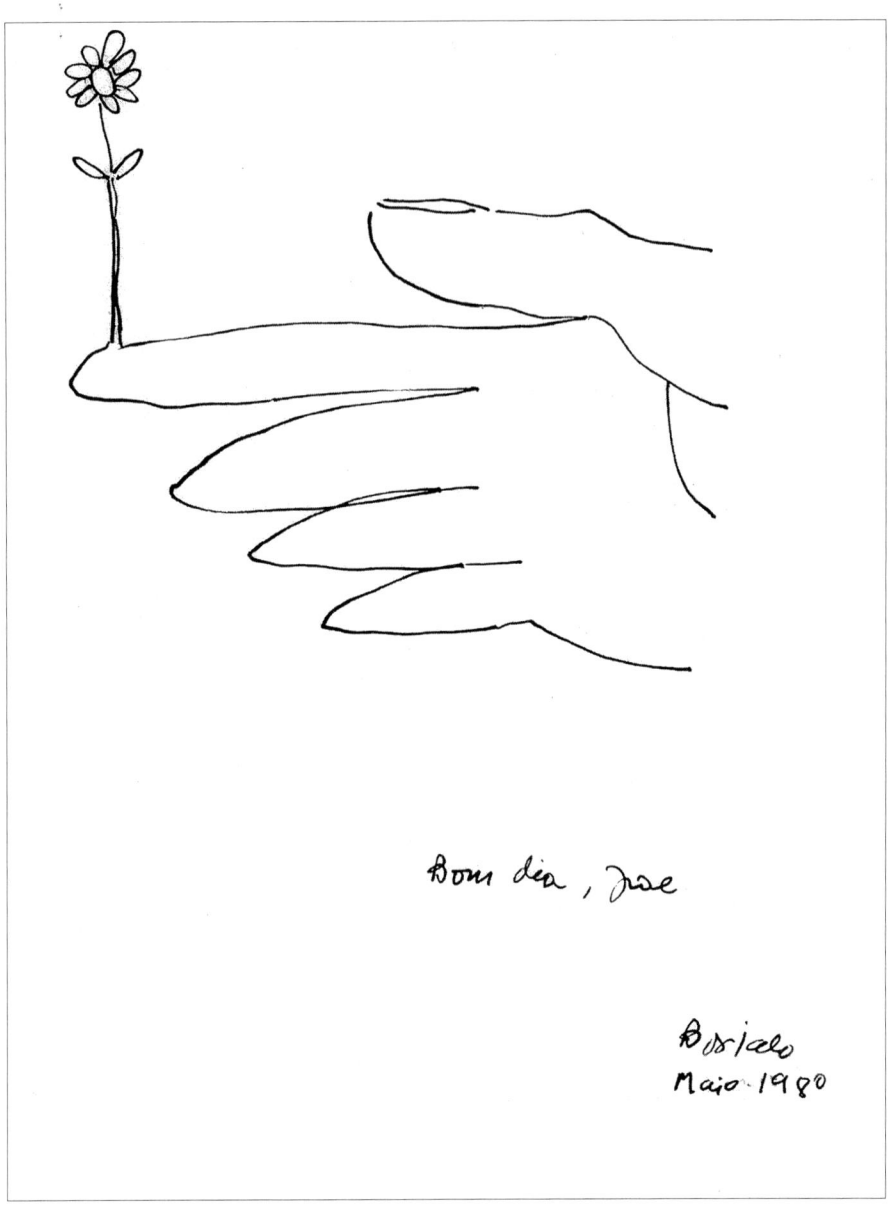

Detalhe do desenho de Borjalo na mensagem que me enviou por ocasião da homenagem a mim prestada pela Globo, em maio de 1980

ponsável por todo o programa foi um educador chamado Fernando Calazans. Ele organizou o trabalho dos professores, que formularam o currículo e prepararam as aulas, e depois mostrou tudo a Walter Clark, e nós o convencemos a colocar o programa no ar. Depois dos cursos secundários, a TV Globo começou a trabalhar para a educação elementar, mas isso ocorreu quando eu já estava saindo da empresa.

Também em termos de programação educacional fomos o primeiro país a transmitir o *Sesame Street* fora dos Estados Unidos. Seus astros eram Sônia Braga, bem no início da carreira, e seu namorado, o ator Armando Bógus.

Magaldi era, realmente, um figuraço. Roberto Marinho vivia dizendo: "Saibam vocês, temos um grande jornal", mas o *Jornal do Brasil* dominava o mercado naquele tempo; seu forte estava nos Classificados, coisa que *O Globo* não fazia. A tiragem diária do *Jornal do Brasil* alcançava 200 mil exemplares; a de *O Globo*, 80 mil. Diga-se de passagem que, quando cheguei ao Brasil, existiam cerca de 15 jornais diários só no Rio: além dos dois citados, circulavam, entre outros, o *Correio da Manhã*, o *Diário de Notícias*, a *Última Hora*, *A Notícia*, a *Tribuna da Imprensa* e os quatro ou cinco dos Diários Associados do Assis Chateaubriand. A concorrência era grande, e o Dr. Roberto disse: "Escutem aqui, a TV Globo deveria promover o jornal, porque fazemos propaganda da televisão na última página de *O Globo* mas a TV não faz coisa alguma por ele, e temos o melhor jornal que existe". Naquela época, isso ainda não se tornara verdade: o *JB* era bem superior. Então Roberto Marinho decidiu: "Mandem Magaldi ao jornal. Quero falar com ele". Magaldi era o homem das promoções na televisão. Como esperado, o encontro daqueles dois homens de baixa estatura resultou em muitas discussões. Magaldi tinha o temperamento explosivo dos italianos e fumava como uma chaminé. Os dois argumentaram bastante sobre as maneiras de promover o jornal. Quando a TV Globo tornou-se grande, o Dr. Roberto passou a insistir: "Vamos promover a edição de domingo", e coisas do gênero. Magaldi tinha que implementar as sugestões do chefe.

Nosso homem no Recife, Paulo César Ferreira, tornou-se o melhor amigo do comandante militar do Nordeste e pôde fazer qualquer coisa que desejasse. Foi assim que surgiu o Globo Salão de Arte, maravilhosa ideia concebida por Paulo César. Ele convidou as pessoas do Recife e das cidades próximas a apresentarem obras de arte e criou um júri composto por artistas famosos. Os melhores trabalhos seriam premiados. Paulo César fez grande promoção do concurso na televisão local e cerca de dois mil quadros foram apreciados. O júri selecionou 40 pinturas, que ficaram expostas durante duas semanas numa antiga prisão do Recife, cedida pelos militares. O velho prédio foi iluminado como um museu. Dos 40, cinco foram escolhidos como os melhores e os autores receberam os prêmios prometidos; alguns deles ficaram famosos no Brasil. O modelo de Paulo César foi copiado por nossos diretores de cidades como Belo Horizonte e São Paulo, com grande sucesso. Apelidamos Paulo César de Tarzan, porque era muito forte. Delfim Netto gostou dele, e tornaram-se grandes amigos. Paulo César diz que seus pais eram analfabetos. As iniciativas de nosso diretor no Recife sempre foram muito corajosas; ele era capaz de convencer qualquer um sobre o que quer que fosse.

Um dos meus associados mais próximos nos últimos anos foi João Batista Paiva Chaves, que era um major do exército brasileiro antes de entrar na TV Globo em 1965, primeiro em meio expediente. Havia servido como oficial das Nações Unidas durante a crise de Suez nos anos 50. Nossa grande sorte foi quando depois se aposentou do exército como coronel e se tornou diretor de serviços gerais, assessorando Walter Clark. Com a saída de Walter, Paiva virou meu braço direito como executivo da maior importância. Com ele progredimos rapidamente na expansão da Rede Globo. Ele me acompanhou nas reuniões, dando seguimento às decisões tomadas, e era meu confidente. Objetivo, talentoso e organizado, falava vários idiomas. Tinha a aparência do famoso general George Patton, e jogava polo no fim de semana. Depois de sair da Globo, fez uma carreira brilhante como alto executivo na construtora Odebrecht. Prezo muito nossa amizade até hoje.

A ligação de José Aleixo com a TV Globo é a mais antiga depois de Roberto Marinho. Ele era o auditor da firma Ernst & Ernst, que fazia a contabilidade pública da TV Globo desde o início da empresa. Esta foi a função de José Aleixo de 1963 até 1978, quando o convenci a assumir o cargo de diretor de administração da rede. Português, modesto, de jeito calmo, sempre com um sorriso nos lábios, inspirava a confiança de todos. Roberto Marinho, nos últimos anos de vida, exigia a presença física de José Aleixo ao seu lado. Aleixo lhe deu conselhos, conforto e amizade.

Quase todos os dias o Dr. Roberto lhe perguntava: "Quanto temos em caixa?" Sua dedicação total ao Dr. Roberto às vezes limitou a ascendência maior do Aleixo dentro da empresa.

Foi Jorge Adib que levantou a ideia de merchandising. Eu quis contratar Adib quando houve problemas na Rio Gráfica. Ele começou na CBS, que se tornou Viacom; vivia em São Paulo e era brilhante. Ele *é* brilhante. Vem de família libanesa descendente de fenícios. Eu estava sempre tentando buscar gente capaz e queria encontrar lugar para ele na organização. Isso era fundamental. Tentei sem sucesso trazê-lo por volta de 1976 porque achei que ele daria jeito na Editora Rio Gráfica. Dois anos mais tarde, consegui contratá-lo, e ele resolveu o problema da editora, entre outras conquistas.

Eu sabia que Adib entendia de programação. Achei que, se o contratasse, poderia servir como suporte para Boni; no entanto não deu certo porque Boni queria controle absoluto. Então coloquei Adib como encarregado do merchandising. Criamos uma divisão chamada de Apoio e Adib a transformou num grande negócio. Isso só não aconteceu antes porque o pessoal do departamento de vendas era contra. Eles argumentavam que, se vendiam comerciais, que já eram consideráveis, não se faziam necessárias vendas indiretas através do merchandising. Mais tarde, Adib progrediu e se tornou chefe das vendas internacionais. Contratei-o em 1978, e deixei a empresa em 1980. Adib diz agora: "Você me trouxe para o Rio, fez-me sair do antigo trabalho e depois me abandonou". Repete isso até hoje.

Adib já se aposentou. Deram-lhe uma pequena máquina com a qual pode acompanhar minuto a minuto, até de 30 em 30 segundos, os índices de audiência enquanto assiste televisão. E ele vive com a maquininha ao lado do televisor, seguindo as subidas e descidas da audiência da Globo. Simplesmente não consegue se livrar do hábito. Adib é dono de um restaurante no Rio chamado Esplanada Grill. Todos os dias ele almoça lá para se encontrar com os amigos. Essa é sua vida: no Esplanada Grill da rua Barão da Torre, em Ipanema. Que saudade!

V
A QUEDA DE WALTER CLARK

Ḿário Wallace Simonsen era o dono da Excelsior. Quando faleceu, deixou a estação de televisão para o filho Wallinho, um homem de personalidade fraca, casado com Regina Rosemburgo. Regina era uma *femme fatale*, bela e exuberante, com um lindo rosto, porém algo delgada demais para meu gosto. Quando o casal se divorciou, ela recebeu como parte do acordo muitas pinturas valiosas da coleção de Wallinho. Nos anos de 1966-67, ela fez amizade com Roberto Marinho, que tinha muito bom conhecimento sobre arte. Regina Rosemburgo era uma mulher rica, *socialite*, muito inteligente e conhecida internacionalmente.

O Dr. Roberto ia à casa de Regina, dava-lhe conselhos sobre arte, ou seja, como administrar sua coleção, e os dois se tornaram amigos. Ela era muito mais jovem que ele. Certa noite, Roberto Marinho veio à TV Globo, como habitualmente fazia, só que trouxe Regina para mostrar-lhe a estação. Isso provavelmente ocorreu em 1967. O Dr. Roberto pediu a Walter Clark que desse uma volta com Regina pelas instalações da TV, o que foi feito. Walter ficou completamente apaixonado por Regina, e ela, aparentemente, por ele. Roberto Marinho dizia para mim: "Eu não tinha mesmo nada com ela".

Passado algum tempo, eu e Walter fizemos uma viagem. Fomos a uma convenção da NAB, nos Estados Unidos. Regina nos encontrou lá. Walter era casado com uma bela atriz chamada Ilka Soares, sua segunda mulher, mas tinha sempre casos amorosos. Ilka aceitava porque o amava de verdade. Ela era um pouco mais velha que o marido e desempenhava quase o papel de mãe.

Depois da convenção fomos para Nova York, e Regina nos acompanhou. Após visitarmos vários lugares, hospedamo-nos no Hotel St. Regis. A irmã de Walter, Lilian, era casada com um engenheiro civil muito inteligente chamado Carlos Virzi. Ilka e Lilian eram boas amigas, por isso fizeram com que Carlos acompanhasse Walter para que ele não se metesse em confusões.

No Hotel St. Regis, ocupamos uma suíte com sala e dois quartos: Carlos e eu ficamos num deles; Walter e Regina, no outro. Saíamos todas as noites, porque Regina conhecia muita gente. Numa dessas saídas, tivemos a companhia de Salvador Dalí e da atriz Florinda Bolkan, muito amiga de Regina. Divertimo-nos bastante em Greenwich Village. Voltamos para o hotel lá pelas quatro ou cinco da manhã. Walter estava bêbado; o telefone tocou: era Ilka chamando do Rio. Walter atendeu deitado ao lado de Regina, e disse: "Não vou voltar. Não vou voltar. Não, Ilka, está tudo acabado entre nós. Não vou voltar para o Rio. Acabou". Regina disse: "Walter, vamos juntos para Paris". Ele era louco por ela.

Aconselhamos: "Walter, você tem a TV Globo. Vamos retornar para o Rio". Conseguimos convencê-lo, mas Regina seguiu para Paris. No voo de volta ao Brasil, Walter só falava sobre ela. Chegamos ao Rio. Naquele tempo, era comum a família nos esperar no aeroporto e depois seguirem todos para um grande almoço. Foi o que fizemos. Ilka sabia do ocorrido, mas perdoara. Tudo correu num mar de rosas. Durante meses, a face de Walter enrubescia quando ouvia o nome de Regina. Ela ficou em Paris e lá conheceu um rico e famoso francês, Gérard Lecléry. Casaram-se e tiveram um filho. Demorou para que Walter se recuperasse do baque, mas logo ele se envolveu com outra moça, Maria do Rosário, filha de Nascimento Silva.

Algum tempo depois, eu saía do Antônio's quando me deparei com Regina na rua. Sua primeira pergunta foi: "Como vai o Roberto Marinho?" Não foi: "Como vai o Walter?" Seu interesse era no Dr. Roberto. O desfecho aconteceu em 11 de julho de 1973, quando ela voava para a França a fim de se encontrar com o marido. O avião caiu nas proximidades de Paris e ela morreu. Regina havia atuado em alguns filmes, como *Quem é Beta?*, de Nelson Pereira dos Santos. Ela era muito bonita, mas, como já disse, demasiadamente magra. Creio que Regina era bissexual; pelo menos parecia ter um caso com Florinda Bolkan quando estavam juntas.

Ilka Soares amou realmente Walter Clark e continuou com ele apesar de suas muitas escapadas. Walter finalmente a deixou e casou com Maria do Rosário Nascimento Silva, filha do ministro. Nasceu uma menina, Eduarda, deste matrimônio tumultuoso. Após sair da Rede Globo, ele perdeu uma filha do primeiro casamento, Flávia. Foi um acidente terrível. Flávia tinha 17 ou 18 anos quando subiu para Petrópolis com o namorado. Foram tomar banho juntos e não perceberam que havia um escapamento de gás no aquecedor do chuveiro. Ambos morreram asfixiados. A primogênita era a menina dos olhos de Walter, e sua morte o destruiu, embora ele tivesse outra filha, Luciana, com Ilka Soares, além do filho que ela tivera com o primeiro marido, Anselmo Duarte.

A SAÍDA DA EMPRESA

A história de Walter Clark é fascinante e triste ao mesmo tempo. Ele era carismático e muitíssimo inteligente. A par de seus talentos, foi uma das pessoas mais honestas que jamais conheci, tanto que era incapaz de guardar segredos. Se você tivesse algo a esconder e dissesse a Walter para não contar a ninguém, podia ficar certo de que logo todo o mundo saberia. Ele era uma pessoa aberta e muito sensível. Na televisão, o adoravam como pessoa. Seu problema não era de caráter, mas não suportava confrontações ou brigas: fugia delas. No entanto, nos primeiros anos vitais, foi Walter Clark quem levantou a TV Globo e organizou a primeira equipe, que depois expandiu e aprimorou o trabalho dele.

Quando a TV Globo conquistou grande audiência e se expandiu, Walter tornou-se popular. Começou a ser procurado por pessoas do país e do exterior, autoridades do governo e personalidades conhecidas; recebeu condecorações, elogios, bajulações, tornou-se a própria personificação da TV Globo. Todos sabiam que o dono era Roberto Marinho, o papa, mas quem aparecia era Walter Clark. A autoestima de Walter foi às nuvens e o Dr. Roberto não gostou nada daquilo. Ficou com um pouco de ciúme. Não sei com certeza a medida de tal sentimento, mas ele existia, e Marinho aconselhava Walter a não se expor tanto.

Clark também foi se transformando numa figura trágica. Quando veio trabalhar conosco ele já bebia um pouco; no entanto, com o passar do tempo, passou a beber cada vez mais. Todos os dias, almoçávamos por volta de uma da tarde e logo retornávamos à TV, mas Walter, com frequência, só reaparecia lá pelas cinco horas, às vezes bêbado. Alguns de seus amigos – e existiam uns quatro ou cinco que não saíam do lado do chefe – ficavam com Walter no almoço, bebendo sem parar e jogando conversa fora. Não eram más pessoas, alguns até muito bem qualificados, mas prejudicavam Walter naquelas longas refeições regadas a álcool.

O problema ficou muito grave. Roberto Marinho me chamava para falar sobre o assunto. Ocasionalmente, ele, Walter e eu almoçávamos no Hotel Ouro Verde, ou em outros locais reservados. O Dr. Roberto aproveitava para aconselhar: "Walter, você tem que parar de fazer isso"; ou: "Não apareça tanto em público"; ou então: "Não faça isso ou aquilo". Por vezes, Marinho se mostrava bastante aborrecido e eu, constantemente, tinha que defender Walter, dizendo que ele enfrentava problemas pessoais mas era imprescindível para o sucesso da TV Globo por ser o tipo de pessoa aglutinadora; que era adorado, um verdadeiro líder.

Obviamente, Marinho se preocupava com a TV Globo, em particular *vis-à-vis* os militares, que o marcavam de perto. O governo focava naquele que comandava a rede de televisão mais poderosa da nação. E que elementos estavam sempre ao lado de Walter? Quem administrava o dia a dia da empresa? Roberto Marinho ficava a maior parte do tempo no jornal. E havia aqueles rapazes "destrambelhados" à frente da TV. Às vezes, o Dr. Roberto repreendia Walter, e este chorava. Ele era assim. Dizia que ia parar, mas não conseguia. Nós, os demais membros da equipe, continuávamos pegando pesado no trabalho. Boni estava sempre lá, cuidando da programação e da produção, sua responsabilidade principal. Tudo o mais também funcionava bem – o departamento de engenharia, o de jornalismo, o de administração – e Walter foi se transformando cada vez mais num figurante, de proa, é verdade, porque aparecia muito. Na própria rede, ele foi sendo um tanto relegado por Boni.

O desenlace ocorreu da seguinte maneira. Tínhamos em Brasília a pessoa que agia como ligação com os militares. Seu nome era Edgardo Erichsen e ele parecia militar, mas não era. Repassava-nos o que as autoridades do governo diziam e o Dr. Roberto o usava para transmitir suas mensagens aos militares. Erichsen era do tipo germânico, alto, fisionomia austera e usava óculos. Na realidade, era muito bem relacionado, de modo que passou a ser um bom intermediário entre a Rede Globo e os governos militares. Por vezes, Erichsen aparecia no nosso noticiário, reportando de Brasília. É claro que Roberto Marinho também falava diretamente com os militares, porém os assuntos rotineiros chegavam através de Edgardo. Nosso gerente regional em Brasília era Afrânio Nabuco, pessoa brilhante.

Em 1977, Nabuco organizou um jantar em sua residência na capital brasileira para Marinho, o qual queria mostrar aos militares que contava com um grupo competente, grupo que, seguramente, conduziria a rede com correção quando ele, então com 72 anos, se aposentasse. Além do Dr. Roberto, compareceram ao jantar seu filho Roberto Irineu, que recentemente começara a trabalhar conosco depois de um estágio na ABC, em Nova York, Walter Clark, Edgardo Erichsen, eu e, evidentemente, o anfitrião Afrânio Nabuco.

Foram convidados alguns generais dos altos escalões. Ernesto Geisel era o presidente da nação. Portanto estávamos todos em Brasília naquele fatídico jantar, que comemorava também o sexto aniversário de nossa estação na capital, inaugurada em 1971. Walter e eu viajamos juntos. Ele, então separado, foi desacompanhado, e eu com a mulher com quem vivia na oportunidade, uma mexicana. Em Brasília, tivemos um almoço com todos os empregados da estação, e Walter começou a beber. No fim do almoço, entre três e meia e quatro da tarde, ele já estava bastante afetado pela bebida, por isso levei-o de volta ao Hotel Nacional, coloquei-o na cama e disse: "Durma um pouco porque temos o jantar na casa do Afrânio, no Lago Sul, às oito da noite. Roberto Marinho vai estar lá com a esposa, e os generais também com suas mulheres. Todo o mundo vai estar lá, e temos que mostrar quem somos". Walter respondeu quase dormindo: "Não se preocupe. Não se preocupe". E apagou.

Por volta das sete e meia, fui despertá-lo e notei que um dos seus olhos estava um pouco injetado de sangue. Sugeri que talvez ele não devesse ir. Encontraríamos uma desculpa, se bem que sua presença fosse importante por ser o diretor-geral da rede. Walter garantiu-me: "Joe, eu vou estar bem. Não se preocupe comigo. Vou estar bem". Nós o ajeitamos da melhor forma possível e seguimos para o jantar, servido num jardim enorme. O general Sylvio Frota estava presente, como também João Baptista Figueiredo e outros generais com as esposas.

Quando chegamos, conduzi Walter para uma mesa do jardim e longe dos generais. Na mesa já estava sentado Humberto Barreto, então presidente da Caixa Econômica Federal, nomeado por Geisel, que o considerava quase como filho. Humberto era um jovem com mais ou menos a idade de Walter, e começamos a falar sobre política. O garçom ofereceu drinques. Humberto pegou um uísque e Walter outro, e a conversa continuou. Por solicitação de Barreto, o garçom trouxe outras doses, mas só para ele, porque Walter ficou na primeira e eu bebo muito pouco. Nunca fui de beber muito. Finalmente, Humberto mandou que o garçom deixasse a garrafa na mesa, e deu-se a tragédia. Walter começou a beber sem parar e ficou totalmente bêbado. Levantou-se e circulou entre as pessoas dizendo inconveniências como, por exemplo, a um general: "Algumas pessoas andam falando mal do senhor, mas sempre digo que o senhor é um cara legal". Na hora em que o jantar foi servido, ele falou alto ao Edgardo Erichsen que parasse de dizer "xaropadas" às gordas matronas esposas dos generais. As palavras e o comportamento de Walter provocaram um ambiente de desconforto no jardim.

Roberto Marinho encolhia-se de vergonha com o que Walter dizia e fazia. Quando caminhamos para o bufê, Walter demonstrou estar realmente "chapado". Afrânio o enfiou num automóvel e mandou-o de volta ao hotel porque o mal-estar era muito grande. O jantar continuou, mas a situação criada tinha sido, de fato, embaraçosa. A propósito, Boni não estava presente.

Na manhã seguinte, voei de volta para o Rio na companhia de Roberto Marinho. De tarde, ele me chamou ao jornal: "Não dá mais. Temos que mandá-lo embora". Eu sabia que não adiantava tentar defender Walter. O Dr. Roberto determinou então que eu o despedisse. Respondi: "Não. Essa não é minha função. O senhor o contratou e ele trabalha para o senhor. Cabe ao senhor dar-lhe a notícia". Mas Roberto Marinho não concordou, dizendo que os dois eram próximos, que gostava muito de Walter e que não o despediria. Ele era o tipo de pessoa que não alterava a voz, nunca o vi gritando, também jamais foi o porta-voz das demissões. Alguém tinha que fazê-lo. Só insistiu: "Walter tem que ir embora".

Nesse meio tempo, Walter desaparecera. Não voltou ao Rio de Brasília. Em vez disso, seguiu diretamente para Paris a fim de receber uma medalha em nome da TV Globo. Depois, tivemos notícias dele. Alguém soube do paradeiro de

Walter, provavelmente Arce, que era como seu pai. Ele disse que Clark ficara muito envergonhado por causa do jantar e fora para Paris, em vez de voltar ao Rio. Em seguida, voou para Nova York. Não obstante, já estava decidida a demissão de Walter, e Dr. Roberto perguntou: "Como vamos lhe dar a notícia? Ele tem que saber tão logo retorne". Não sei como, os rumores se espalharam. De minha parte, jamais disse uma palavra, mas Walter telefonou-me de Nova York. Estava hospedado num hotel, e bêbado. Ele suspeitava do que iria acontecer. Não falei coisa alguma, porém arriscou: "Joe, sei que ele vai me mandar embora. Se você não conseguir uma indenização decente para mim, vou me matar". Foi isso o que ele me disse ao telefone. Não sei se estava acompanhado, possivelmente com alguma mulher. Então, o acalmei: "Não se preocupe. Não se preocupe". Conversei com o Dr. Roberto e combinamos uma generosa indenização para Walter. Tivemos várias conversas telefônicas, nas quais Walter sempre mencionava a indenização, e eu dizia para ele não se preocupar. Ninguém sabia exatamente o que se passava, mas Walter, evidentemente sempre tocado pela bebida, disse a um de seus amigos que seria despedido; no entanto, uma cortina de silêncio caiu sobre esse assunto. Dr. Roberto decidiu que Walter deveria pedir demissão e determinou que Otto Lara Resende preparasse uma carta nesse sentido. Otto se encontraria com Walter no aeroporto assim que ele regressasse e faria com que assinasse a carta de demissão. Por certo, algumas pessoas foram esperá-lo no aeroporto, e tudo se passou como Dr. Roberto Marinho havia disposto.

Walter, depois, começou a dizer que fora despedido por que combatera os militares. Vivia se lamentando por ter deixado a maior empreitada de toda a sua vida, e entrou em pleno declínio. Tornou-se viciado em drogas e álcool, jamais se recuperou.

Toda a história foi muito triste. Quando Clark foi despedido, o *The New York Times* publicou extensa matéria no caderno de economia; o artigo teve chamada de primeira página com uma grande foto de Walter. O jornal descreveu-o como homem de muito bom gosto com propensão para realizar grandes coisas, que se sentava numa mesa enorme parecida com algo do espaço sideral. A legenda da foto de Walter Clark no artigo do jornal americano foi: "Como perder um emprego de um milhão de dólares por ano", pois essa era a quantia que Walter realmente recebia. Nenhum executivo nos Estados Unidos ganhava tanto dinheiro, nem o chefe da Ford, da General Motors, ninguém. Walter Clark era o executivo mais bem pago do mundo. Mas foi mandado embora por conta do alcoolismo.

Seguem-se trechos do artigo do *The New York Times*: "O salário que Walter Clark, um executivo de 42 anos da televisão brasileira, recebeu no ano passado o coloca acima do de Henry Ford II, da Ford Motor Company, do de Howard S. Green, da International Telephone and Telegraph, e do de William S. Paley, da CBS. (...) Na verdade, seu salário de 1,28 milhão de dólares o torna o executivo mais bem pago do Brasil, onde os executivos são, de fato, muito bem remunerados, mas, agora, tudo acabou. (...) Ao retornar de uma de suas frequentes viagens ao exterior, o Sr. Clark soube que havia sido inopinadamente despedido do cargo de diretor-geral da Rede Globo de Televisão, a rede de televisão líder no Brasil" [Mery Galanternick, "Brazilian Out of a Million-Dollar Job", *The New York Times*, 20 de agosto de 1977]. Para enriquecer o artigo, a articulista entrevistou Walter e revelou uma série de coisas engraçadas ditas por ele.

VI

DEIXANDO A GLOBO

Sempre achei que viveria no Brasil. Tornara-me cidadão brasileiro em 1971, após cinco anos de residência no país, e amava a vida que levava.

Embora tudo caminhasse bem na TV Globo, no final dos anos 1970 decidi deixar a empresa por diversas razões. Primeiro, eu estava sozinho no Brasil; tinha amigos e namoradas, mas meus filhos haviam voltado para os Estados Unidos, tinham crescido e me dado netos; uma filha casara-se com um brasileiro por lá; eu estava sem família aqui, e achei que deveria me dedicar mais a ela. Segundo, pensei comigo mesmo: tenho todo esse poder e muito dinheiro, mas vivo preso a essa cadeira; questionei se aquilo era vida. Hoje, parece uma loucura, mas eu queria descobrir o significado da vida. O que ela era? Por que estávamos aqui na Terra? Chame de filosofia ou do que queira, mas o fato é que eu desejava concretizar os dois desejos. Esses foram os argumentos que usei quando informei ao Dr. Roberto que queria ir embora, e ele achou que eu endoidara. Afirmou que eu parecia um cientista dizendo que odiava a ciência. Foi exatamente o que me falou.

Outra razão era que, desde 1977, eu ficara com sequelas cardíacas. O Dr. Michael DeBakey, da Faculdade de Medicina Baylor, no Texas, sugerira que eu operasse para colocar duas pontes de safena, mas recusei a cirurgia naquela época, e ainda não a fiz. O coração me preocupava. Depois da consulta com o Dr. DeBakey, voltei ao Brasil e continuei trabalhando. Seis meses mais tarde, fui acometido de angina. Eu estava fora do Brasil e fiquei seis dias hospitalizado. Então, em outubro de 1978, comuniquei ao Dr. Roberto meu desejo de sair da empresa por questões de saúde. Isso aconteceu não muito depois que ele caiu do cavalo e quebrou algumas costelas. Quando eu disse que queria ir embora por causa do excesso de trabalho, ele simplesmente respondeu: "Não". Um mero não. Depois daquela seca negativa, fiquei pensando no que fazer. Então, escrevi-lhe uma carta...

Rio de Janeiro, 30 de outubro de 1978

Querido Dr. Roberto,

Conforme nossa última conversa no dia 15, e várias conversas francas durante os últimos dois anos e meio, entre dois amigos, do fundo de nossos corações, é preciso algumas soluções.
Vamos analisar, Dr. Roberto, e tentar harmonizar nossas situações.

Do meu lado:
1) Quero ser mais livre, trabalhando menos intensamente, aproveitando outras facetas da vida, enquanto minha saúde permitir.
2) Quero passar mais tempo perto de meus filhos e netas, gozando desse prazer e ajudando-os, sendo o mentor deles.

3) Eu gostaria de manter alguma ligação com a TV Globo, que também é nosso "filho", contribuindo para sua continuidade saudável.

Do seu lado, Dr. Roberto:

1) Você, apesar de sua liderança efetiva sobre o jornal, televisão e rádio, precisa, pelo menos, de um elemento em cada área como seu braço direito.
2) É natural preparar seus filhos abaixo de você para estes postos. Você ainda não tem completa confiança neles quanto à falta de experiência deles e outras restrições. Só o tempo, boa orientação e a situação natural vão conduzi-los neste caminho normal.
3) Colocar agora elementos estranhos na cúpula das empresas, com os profissionais existentes e seus filhos, não é uma solução.

Seus filhos, na minha opinião, têm habilidade, desejo e energia coletiva para um dia liderar as empresas. As qualidades de cada um vão reforçar o que falta às vezes num deles. E os profissionais vão respeitar esta colocação.

Eu proponho, só com sua ajuda, ser a ponte entre você e seus filhos, para colocá-los como seus braços direitos efetivos. Você e eu seríamos os mentores, ensinando, orientando, corrigindo, encorajando e implantando-os. Também vamos enriquecer um pouco o bom staff existente nas três empresas.

Dessa maneira, Dr. Roberto, você sempre pode manter controle, preparar os filhos e ter um pouco mais de liberdade para você também!!!

No meu lugar, recomendo que você não ponha ninguém. Durante 1979, o ano em transição, Roberto Irinheu, sob nossa orientação, vai aos poucos preencher meu trabalho. Octacílio deve continuar com a parte burocrática da administração. Vai funcionar muito bem com a equipe que agora está montada. Quanto ao resto da TV, não será preciso mexer em nada! No fim de 1979 vamos avaliar a situação de novo.

Sugeri: "Dr. Roberto, vamos treinar seus filhos". Naquela época, eles ainda não estavam envolvidos com a televisão; Roberto Irineu terminara um estágio com a rede de televisão ABC nos Estados Unidos. E estava conosco na Rede Globo. Esbocei na carta um período de transição, carta que ele jamais respondeu formalmente. Quando lhe perguntava se havia lido a carta, a resposta era: "Não, Joe. Não, Joe". Foi então que, em 1º de janeiro de 1980, finalmente procurei-o para dizer: "Dr. Roberto, meus filhos não estão aqui. Eles casaram com brasileiros e vivem longe. Estou sozinho, sem família. Vou dar ao senhor um prazo de quatro meses. Irei embora em 1º de maio de 1980".

Em maio, eu disse ao Dr. Marinho: "Vou embora no fim do mês. Já decidi". Ele não me levou muito a sério. Lembrei-lhe três ou quatro vezes: "Estou indo embora. Estou indo embora. O senhor precisa colocar alguém no meu lugar. Comece a pensar nisso". Três ou quatro semanas antes de eu deixar a empresa, o Dr. Roberto foi falar com José Luiz Magalhães Lins, um bom amigo seu, que recomendou Miguel Pires Gonçalves, um economista que trabalhara com ele no Banco do Estado da Guanabara. Miguel, filho do general Leônidas Pires Gonçalves, foi contratado no início dos anos 80, e ocupou o cargo de superintendente-geral da TV Globo por 16 anos.

Não requeri indenização, nem recebi quantia alguma. Só disse que queria ficar com minha participação na Som Livre – o que não era muita coisa – até o fim do ano. Dinheiro eu não quis. O Dr. Roberto mandou chamar Jorge

Rodrigues e Antônio Marques, e assinei os documentos sem indenização. Ele só disse uma coisa: no Natal de 1979, exaltara meu trabalho e, agora, se sentia traído com minha saída. Só mais tarde percebi que ele ficara aborrecido e magoado, pensando que eu o havia abandonado. Tínhamos uma ligação tão estreita que o Dr. Roberto ficou ressentido, ressentimento sobre o qual apenas me conscientizei seis ou sete anos depois, quando ele mesmo o revelou a mim. Roberto Marinho era um homem muito orgulhoso.

Em 1981, voltei a morar nos Estados Unidos, porém mantive minha casa no Rio. Só me desfiz dela em 1997. Ao ver que o Dr. Roberto ficara muito sentido com minha saída, tentei explicar-lhe a decisão. Retomamos a amizade. Lamento dizer que não me devotei muito à família e ainda tento descobrir o significado da vida.

A TV HISPÂNICA NOS ESTADOS UNIDOS

Após sair da Rede Globo, voltei aos Estados Unidos. Depois de me divorciar, comprei um lote de terra e uma casa para os filhos no condado de Marin, no norte da Califórnia. Era uma casa feita com a madeira vermelha da sequóia, num terreno de oito acres. Minha filha Lorraine casara-se com um brasileiro e eles criavam galinhas, cavalos e cabritos. Viviam como fazendeiros e, depois, abriram um restaurante na margem da rodovia. Eles mesmos cozinhavam a sopa e o pão. O restaurante ainda existe. O marido começou então a beber e eles se divorciaram. Por isso, não construí minha casa na propriedade, ao lado da casa deles.

Eu possuía residência num condomínio em Los Angeles e fazia breves viagens para lá, mas nunca pensei em viver naquela cidade. Los Angeles não me atraía muito.

Durante cinco anos após minha saída da Globo não fiz muita coisa. Cuidei da saúde e me restabeleci completamente. Minha esposa, filhos e netos são motivos de orgulho para mim. Aproveitei o tempo para estudar e pesquisar bastante. Morava em Los Angeles, no entanto conhecia pouca gente da cidade. Foi então que duas coisas despertaram minha atenção. Primeiro, analisei a situação da televisão em LA e notei que lá havia apenas um canal em espanhol, a Televisa, cujo dono era um mexicano. Corriam algumas reclamações sobre a propriedade estrangeira de estações de televisão. Existiam naquele momento cerca de 3,5 milhões de hispânicos em Los Angeles, em grande parte absolutamente ignorados. Achei terrível a programação da Televisa. Naquela época, o Departamento de Imigração perseguia tenazmente os ilegais. Tempos difíceis, muito difíceis.

Em 1984, o Canal 52 de Los Angeles foi posto à venda por 30 milhões de dólares. Ele fora antes a Select TV, um canal pago de televisão de propriedade de Jerry Perenchio e da Oak Industries. Jerry vendeu sua participação para a Oak Industries e a empresa passou a instalar uma pequena caixa em cima dos televisores residenciais para a recepção do sinal. A Oak decidiu sair do negócio, porque a televisão a cabo estava chegando e ela não tinha condições de competir. Achei que o Canal 52 poderia se tornar uma grande estação em língua espanhola. Eu não tinha o dinheiro, mas negociei com a Oak e ela me deu a opção de compra do canal. Procurei investidores e esbocei em três páginas o que pretendia fazer. Viajei a Nova York, porém ninguém pareceu interessado; finalmente, conheci um advogado da cidade que me disse que encontraria um investidor.

À espera, fiz uma viagem ao Rio para o Carnaval e estava me divertindo bastante quando o advogado telefonou: havia uma companhia interessada, a Reliance Insurance Company, cujo dono era Saul Steinberg, e o pessoal queria falar comigo. Parti para Nova York. Na reunião havia umas dez ou doze pessoas e o mandachuva era Henry Silverman, que mais tarde se tornou *chairman* da Cendant Corporation, mas todos pareciam pertencer a uma casa mal-assombrada. Vendi a ideia e eles resolveram participar, desde que eu dirigisse o negócio. Contratei uma pessoa, Paul Nedemayer, que dirigia o Canal 18 de LA, uma estação multilíngue; ele, entretanto, não entendia muito do negócio. Preparei farta documentação e calculei tudo. A excitação era grande; muitas pessoas queriam trabalhar comigo. Contratei também Alejandro Garcia e, depois, Frank Cruz, que fora jornalista. Eu precisava de um latino bem conhecido em Los Angeles. Fui compondo aos poucos a equipe, começando do zero, em Glendale, onde a Oak Industries mantinha seu negócio: um pequeno estúdio, uma acanhada sala para o jornalismo e outras instalações. Foi assim que dei início à Telemundo. Seis meses mais tarde, já tínhamos capturado 40% da audiência da Televisa, em Los Angeles.

No início da operação da Telemundo, eu era um cidadão brasileiro trabalhando com base no *green card*. Meu filho era a garantia de minha estada, mas a lei proibia que estrangeiros fossem diretores de estações. Em decorrência, fiquei com o título de gerente, não de diretor. Mais tarde me tornei *chairman*, mas jamais diretor. Evidentemente, recuperei depois minha cidadania americana.

Tudo se tornou um grande desapontamento quando fui falar com o pessoal da área financeira da Drexel Burnman Lambert e descobri que a Reliance Insurance Company havia financiado todo o negócio. Ela só empregara seis milhões de dólares de capital próprio, o restante do investimento fora realizado com dinheiro financiado. Passou-me logo pela cabeça o que Mike Milken fizera outrora com aqueles títulos podres. Tudo o que a Reliance aplicara foram seis milhões de dólares! Eu mesmo poderia ter pedido emprestado essa quantia, mas só fiquei com 10% do negócio. Segundo o acordo, cabia-me a direção da empresa com um contrato de cinco anos. Saímo-nos tão bem que a turma de Nova York – Henry Silverman era meu contato – ficou toda eriçada e pensou logo em expansões, mas hesitei.

Então, certo dia, sem meu conhecimento, eles compraram a John Blair and Company, uma empresa representante de vendas nacionais que possuía uma estação em Miami; tinha também a Telemundo, de Porto Rico, e mais alguma coisa. Disseram-me que haviam adquirido outras estações e queriam que eu supervisionasse o conjunto. Concordei. Eles então compraram, por 75 milhões de dólares, uma estação de Nova York, cujo dono era Jerry Perenchio em associação com a Columbia Pictures. Para encurtar a história, pegaram 280 milhões de dólares financiados para adquirir estações em San Francisco, Nova York e Miami. Em 1988, 280 milhões de dólares era muito dinheiro, e eu tinha responsabilidade por parte daquilo. Nomearam-me *chairman* da companhia, e começamos a programação. Discuti muito com o pessoal de Nova York porque aquele não era meu objetivo. Eu pretendia fazer em Los Angeles uma superestação com afiliadas em todo o país, que não envolvesse grandes financiamentos, mas eles rechaçaram minha ideia. Para dizer a verdade, eu não gostava do pessoal da Reliance, que era todo da área financeira. Eu só estava no negócio porque achava que ia ao encontro dos meus propósitos; nem pensava em dinheiro naquela ocasião, meu desejo era ajudar os hispânicos de Los Angeles. Assim, após dois anos de muitas discussões, discordei frontalmente da maneira com que eles conduziam o negócio, julguei que a dívida não era administrável, saí da empresa e vendi minha participação. Eles honraram o contrato, porém nem é preciso dizer que faliram cerca de cinco anos mais tarde. A Sony abocanhou a massa falida e, depois, vendeu a empresa para a NBC.

Quando comecei a Telemundo, procurei o Dr. Roberto e perguntei se ele queria entrar como parceiro. Eu tinha o canal e não precisava de dinheiro, apenas queria a programação. Calculei que ele poderia ficar com 25% da companhia. Eu sabia que, com a Rede Globo, poderíamos construir algo respeitável. O Dr. Roberto inclinou-se pela participação, contudo a família já dera partida nas negociações com a Telemontecarlo, na Itália, e não era possível entrar no nosso negócio; acreditavam ter um peixe bem maior nas mãos – o mercado na Itália era muito mais significativo do que o hispânico nos Estados Unidos. Por isso, a Rede Globo não se associou à Telemundo. Dois anos depois, quando larguei a companhia americana, os Marinhos solicitaram minha consultoria na Itália.

Hoje em dia, a Telemundo tem apenas de 20 a 25% da audiência, e a Univision 70%, porque transmite as telenovelas da Televisa, e o pessoal que dirige a Telemundo não entende de televisão em espanhol. Contrataram pessoas da NBC que pouco conhecem do público de língua espanhola.

Eu sempre disse que a solução estava na produção de novelas em Los Angeles que focalizassem o estilo de vida e as pessoas dos *barrios*. A Univision pega toda a programação no México. Por cerca de um ano, procurei jovens em Los Angeles que pudessem escrever em espanhol sobre a vida na cidade. Ocorre que as pessoas com vinte e poucos anos nascidas em LA não sabem escrever em espanhol sobre os fatos da vida nas comunidades hispânicas, e os mais velhos chegaram como estrangeiros. A Telemundo oferece agora escolas criativas para tentar treinar as pessoas que sabem escrever em espanhol. A Telemundo e a Azteca possuem unidades de produção no México com a finalidade de fazer programas para os Estados Unidos, porém a Televisa as está massacrando.

TV GLOBO E TELEMONTECARLO

A Globo enfrentava dificuldades com a aquisição da Telemontecarlo na Itália. A competição era atroz. Berlusconi possuía três redes; a RAI, emissora do governo, também tinha três redes. E lá estava a pequena estação da Globo em Monte Carlo, cobrindo toda a Itália e com estúdios em Roma. O mercado era muito grande, e a Globo julgou que podia concorrer e fazer bons lucros. Roberto Irineu solicitou que eu prestasse serviços de consultoria, o que fiz por alguns anos. Dionísio Poli, de ascendência italiana e um dos altos executivos da Globo, fora selecionado como gerente-geral da estação na Itália. Uma missão impossível, uma batalha implacável contra Berlusconi e outros. A certa altura, Berlusconi ofereceu-se para comprar a estação, e fui à sua residência com outras pessoas. Não me lembro dos termos exatos da oferta, porém, por certo, ela não cobria o que a Globo havia injetado porque a operação perdia dinheiro todo o tempo. Um amigo italiano, Luigi d'Ecclesia, convenceu Roberto Irineu a não vender, e a situação ficou inconclusa até que se agravou demasiadamente. Decidimos vender a Telemontecarlo. Rizolli, o editor, se interessou, mas depois recuou.

Quase a vendemos por um preço realmente bom a Robert Maxwell. Fui a Londres com Dionísio Poli e Antônio Carlos Yazeji. Maxwell disse que o negócio estava fechado e que mandaria seu pessoal em duas semanas para o detalhamento. Saímos para comemorar naquela noite londrina. Dionísio, Yazeji e eu achamos que a venda estava feita. Minha esposa Doreen me acompanhava. Tomamos champanhe e nos regalamos com um excelente jantar, mas o negócio jamais se realizou. Maxwell era conhecido como o *bouncing Czech*; tempos depois, ele cometeu suicídio. Berlusconi também não materializou sua oferta e terminamos vendendo a estação para o Grupo Ferruzzi. Mais tarde, Ferruzzi acabou na prisão.

Dizem que a Globo perdeu muito com aquela operação. O conceito inicial foi bom, mas entrar como uma companhia estrangeira na Itália contra seis concorrentes se tornou uma missão impossível. O grande futuro esperava a Rede Globo no Brasil mesmo.

GLOBOSAT

Voltei ao Brasil em 1991. Boni e eu, com a ajuda de Maurício Antunes, conseguimos ganhar do governo em Brasília uma licença para TV por assinatura. Nossa firma se chamava Horizonte Comunicações Ltda. Fizemos um acordo com o grupo Globo (Globopar), que começou com 60% das ações e financiou o projeto. Passei a operar do zero a Globosat. Foi, de fato, difícil, porque muitas pessoas não eram simpáticas à ideia. A Editora Abril já tinha um sistema de TV paga; foram os primeiros a operar no país. Iniciei o trabalho em maio de 1991 e, cinco meses depois, já possuíamos quatro canais por satélite. Nossos escritórios no Rio ficavam em meio a uma vizinhança horrível; os vidros das janelas tinham que ser à prova de balas. Não foram poucas as ocasiões em que dispararam tiros contra nós de uma favela próxima.

Começamos com um canal de filmes, Telecine, um de esportes, TopSports, os documentários do GNT e o canal Multishow da Globosat. Mas tal operação era apenas parte do problema; a outra parte era como o público receberia a programação. A recepção do sinal estava fora do meu campo de atuação, de modo que contratei Marcos Kruel, que trabalhara numa companhia telefônica e era muito bom. A ideia era introduzir o sinal através dos altos edifícios do Rio e de São Paulo instalando em seus tetos grandes antenas, já que, naquele tempo, só funcionava a Banda C, que necessitava de antenas com três metros de diâmetro em cima dos prédios. Pena que as antenas pequenas de banda KU só tenham aparecido um ano depois.

Dessa forma, precisávamos de assinantes nos prédios, e só compensava se tivéssemos certa quantidade de assinantes por prédio pagando de 30 a 40 dólares por mês. Das antenas, desceriam os cabos pelo prédio para alimentar os apartamentos individuais. Foi o que fizemos com um grupo totalmente diferente de pessoas. Eram cerca de 800 indivíduos que só faziam isso e eu pouco entendia da atividade. Conseguimos entre cinco mil e seis mil assinantes, e passamos a crescer moderadamente, o que era insuficiente para cobrir os altos custos numa empresa no início de suas atividades. Então sugeri que ampliássemos a cobertura do satélite para as áreas rurais do Brasil, além de Rio e São Paulo, mas a Globopar não mostrou interesse.

Saí da Globosat e só disse uma coisa: o pior que se poderia fazer no Brasil, naquela época, era entrar no negócio da TV paga via cabo porque se tratava de uma operação tão cara e de intensos investimentos que jamais funcionaria. Seria muito difícil atingir o número suficiente de assinantes. Deixei a Globosat em 1992, depois de ano e meio de trabalho. Disse-lhes que não queria mais participar, e eles contrataram Antônio Athaíde. A empresa promoveu então uma análise da situação, que durou de seis a nove meses, e decidiu entrar no negócio da TV a cabo. Criaram a NET. Cavaram as ruas do Rio para instalar os cabos subterrâneos. Além do mais, o custo de interligar as casas e os apartamentos dos prédios a partir da rua era bem alto.

A empresa pegou emprestado muito dinheiro no exterior para construir o sistema a cabo. Foi quando surgiram os grandes problemas. Num país como o Brasil, a maioria das residências não podia arcar com o custo mensal da assinatura (entre 40 e 60 dólares), que oferecia pouca coisa diferente do que os canais abertos transmitiam. No entanto, com o passar dos anos, com a gerência de excelência e o crescimento do Brasil, NET e Globosat conseguiram alcançar estabilidade e sucesso.

Para pagar os vultosos investimentos, a Globo vendeu uma parte de seus ativos, inclusive afiliadas que havíamos estabelecido. Venderam parte do controle acionário, outros negócios e propriedades, e mantiveram apenas a TV Globo básica e a Globosat. A empresa conseguiu atingir a estabilização, e as Organizações Globo florescem. Elas geram receitas líquidas de 3,5 bilhões de dólares. Nada mau, não é? Hoje em dia, eu e Roberto Irineu somos bons amigos, mais chegados que nunca.

O LEGADO DA TV GLOBO

Como eu disse antes, uma das mais importantes mudanças no Brasil durante a época em que eu trabalhava na Globo ocorreu no setor das comunicações. Em 1969, a Embratel, uma empresa estatal, interligou a maior parte do território brasileiro com micro-ondas. O aumento do alcance do telefone e da televisão cresceu cerca de 17% ao ano, triplicando, em seis anos, a quantidade de televisores residenciais. Em 1975, 80% dos lares brasileiros tinham monitores de TV. A produção de televisores era feita no país e eles podiam ser comprados em prestações mensais.

A TV Globo se postou na linha de frente desse impulso pela unificação que mudou o Brasil. Aproximadamente 70% da população brasileira assistiam à noite os programas da Globo. Um dos primeiros a exibir a vastidão do país para o público foi o *Amaral Neto Repórter*, em 1967-68. Com recursos do governo do Ceará, por exemplo, ele filmava e promovia os locais de interesse turístico do estado; depois ia para o Amazonas e repetia o processo, e assim por diante. A TV Globo transmitia aqueles filmes, de qualidade duvidosa, com Amaral Neto narrando com sua voz rouquenha e algo irritante. Os programas tinham enorme audiência. Pela primeira vez, uma criança de Copacabana podia perceber que o búfalo existente nos campos alagados do Amazonas era parte do seu país; da mesma forma, um índio em Belém do Pará conseguia ver pela televisão os altos edifícios do Rio de Janeiro. A ideia de nação começou a ser entendida.

Nosso noticiário transmitido pela rede, o *Jornal Nacional*, cobriu todo o território brasileiro no início dos anos 1970 e se tornou um farol em termos educacionais e informativos. Ele, sem dúvida, contribuiu para a criação de um sentimento de identidade nacional, comparada com as lealdades provincianas do passado. Ao lado das novelas, o *Jornal Nacional* encorajou também as migrações em todo o país.

As telenovelas e minisséries da TV Globo cativaram as audiências brasileiras mediante a gradual alteração nos temas, de modo a acompanhar as mudanças sociais que ocorriam no país. Elas também ajudaram a difundir e equalizar a língua portuguesa. Inicialmente, focaram nas vidas das pessoas ricas das grandes cidades e, assim, destacaram o contraste com a existência no interior pobre.

A TV Globo foi importante fator na unificação do Brasil moderno de hoje. Ela liderou a mudança social através da informação, da diversão e da educação. Foi essa a conquista importante promovida pela televisão brasileira de 1965 a 1980.

Tive a honra e o privilégio de estar no Brasil e com a Globo desde o início dessa genuína revolução, trabalhando com pessoas muito talentosas. Infelizmente, várias delas já não estão entre nós. Permanecem as lembranças, o resto não importa. Dei-me ao trabalho de escrever estas linhas para reavivar as recordações, que não podem ser encontradas em livros sobre Roberto Marinho, Walter Clark, José Octávio, Arce e outros. Aí está como nos entendemos, o que fizemos, as loucuras de nossas vidas, tanto dentro quanto fora da televisão.

Tenho orgulho em ver hoje a Globo, que, depois das lutas no século passado, se tornou uma das maiores empresas privadas de comunicações do mundo. O legado de Roberto Marinho continua forte sob a liderança dos três filhos: Roberto Irineu, João Roberto e José Roberto. Eles mantêm a tradição Marinho de trabalho, tenacidade e visão.

ANEXOS

MEMORANDO AO CONSELHO DE TIME-LIFE DAS ATIVIDADES NA AMÉRICA LATINA

(Setembro de 1962)

Na última reunião do Conselho de Administração, uma série de questões foi colocada sobre a política que serve de base para os planos da companhia para a televisão na América Latina. Senti que não conseguimos articulá-los adequadamente e, portanto, escrevi a declaração sobre políticas que se segue para a consideração do Conselho.

Começo por acreditar que a Time Inc. pode se expandir lucrativamente por todo o mundo e, ao mesmo tempo, desempenhar um papel muito útil. Enfatizo a expressão 'por todo o mundo' porque é minha convicção que as atividades estrangeiras têm não só lucros mais altos como também um maior potencial de risco. Em virtude desse risco, é importante operar em muitos países e, é claro, tentar, paralelamente, minimizar tanto quanto possível o risco em cada caso específico. No entanto, devemos esperar e aceitar perdas ocasionais (e também lembrar que nossas atividades nos EEUU incluem perdas nas duas revistas e na TV) em virtude de razões políticas ou externas. Nossas propostas para a TV na América Latina devem ser consideradas sob essa perspectiva.

A meu ver, há duas razões para participar dos desenvolvimentos televisivos na América do Sul.

1) FINANCEIRAS:

Em média, estamos investindo em operações intermediárias (*at midstream*) em oportunidades que poderão ter um excelente retorno. Digo em média porque as condições variam consideravelmente de um país para outro. Na Argentina, estamos falando de uma situação relativamente madura. No Brasil, somos sócios em uma estação nova em uma área onde o número de aparelhos é alto. Na Venezuela a situação é semelhante. Na Colômbia, estamos entrando numa fase bem inicial de desenvolvimento. Mas em cada caso acreditamos que poderemos obter um bom retorno, em virtude do poder inerente da televisão, pelo fato de termos sócios poderosos e porque nós mesmos podemos fornecer um know-how considerável, assim como capital.

2) IDEOLÓGICAS:

Devido às coisas que foram ditas sobre a TV nos EEUU, e em virtude de a TV na América do Sul ter, sem qualquer dúvida, um conteúdo ainda mais pobre, parece risível usar a palavra 'ideológico'. No entanto, se começarmos pelo fato de a TV ser uma influência poderosa nos costumes e opiniões das pessoas (particularmente nas nações em que os jornais atingem uma porcentagem relativamente limitada da população), podemos ter certeza de que ela irá desempenhar um papel importante – para o bem ou para o mal. Se deixarmos que esses canais fiquem dependentes de seus próprios recursos (sendo independentes porque as redes quase não existem no momento), eles provavelmente irão gravitar na direção de operações de péssima qualidade. Irão, como ocorre com jornais fracos, ser, no melhor dos casos, instrumentos de partidos políticos, e com maior frequência se venderão para a extrema direita ou para a extrema esquerda (os únicos grupos que têm dinheiro na América Latina). Exatamente como minha experiência na Inter American Press Association demonstrou, convencendo-me de que prioridade máxima deve ser dada ao esforço de tornar os jornais sul-americanos independentes em virtude de sua viabilidade comercial, estou também igualmente convencido de que uma estação bem dirigida é o primeiro passo para a independência no ar. Uma vez que esse status seja alcançado, podemos então tratar de – passo a passo – criar novos programas de boa qualidade e fazer uso da TV como um instrumento de diálogo político. Utilizo a expressão 'passo a passo' deliberadamente porque a noção de um diálogo racional na política é bastante primitiva ao sul da fronteira. Nosso possível sócio na Argentina, Goar Mestre, provavelmente tem razão em fugir das notícias e da política por enquanto. Ele reconhece, no entanto, que está chegando o momento de ir nessa direção.

O argumento que tem sido colocado repetidamente é que a participação financeira estrangeira nos canais de TV pode servir como uma desculpa para ataques por parte dos políticos e para a nacionalização. Não duvido que isso seja um risco. Porém, uma vez mais, recorrendo à minha experiência com a IAPA, observo que os ataques aos jornais são muito menos frequentes porque o governo percebe que uma ação desse tipo irá criar um tumulto *internacional* em vez de uma reação meramente nacional. No caso de um canal de TV que seja parcialmente propriedade da Time Inc. e da CBS, qualquer governo pensaria mais de duas vezes antes de tentar a nacionalização do serviço.

Quanto à programação, acho que nossa participação poderia realmente melhorar os padrões. Por um lado, não estamos empurrando nosso próprio produto e, por outro, nós sabemos – muito mais, por exemplo, do que o gerente local de programação no Rio – o que está disponível, não só nos EEUU mas também em outros centros de produção. Ao preparar nosso levantamento da Holanda, planejamos um cronograma de uma semana inteira que não deixaria ninguém envergonhado. É bem verdade que foi para tornar o programa mais sóbrio, e isso foi possível porque qualquer coisa é mais divertida que a maioria dos programas do canal do governo holandês. Certamente no Rio teríamos de pôr no ar um número maior de programas mais leves, muitos deles criados localmente. Em Buenos Aires o canal Mestre depende fortemente do talento local, sendo contra importações estrangeiras, e teve bastante sucesso com isso. Na Colômbia, por outro lado, há uma falta de talento e, portanto, um equilíbrio diferente na programação será necessário. Em alguns países recomendaríamos o uso de uma quantidade considerável de programas educacionais. De qualquer forma entraríamos com muito cuidado na área de notícias e política até que a reputação do canal estivesse bem garantida.

As propostas que estamos considerando no momento têm a vantagem adicional de uma gerência já incluída nas pessoas de Goar Mestre e seu grupo.

Em resumo:
1) Acreditamos que nossa participação na TV sul-americana pode ser lucrativa.
2) Acreditamos que, com a associação conosco, os canais serão melhores do que seriam sem nossa presença.
3) Acreditamos que o caráter internacional gerado por nossa participação provavelmente protegerá o canal da ação política e melhorará seu desempenho em geral.

                      Ass: Andrew Heiskell – Presidente

PROPOSTA PARA EXPANSÃO DO GRUPO TIME-LIFE – AMÉRICA LATINA

Para: o Board de Diretores
De: Weston C. Pullen Jr.
17/09/1962

Em um memorando recente elaborado por Andrew Heiskell e distribuído para os membros do Conselho (cópia em anexo), o presidente fez um esboço da filosofia básica, tanto financeira quanto ideológica, que orienta a expansão das operações da área de teledifusão na América Latina. Como o memorando do Sr. Heiskell faz um esboço conciso da política mais ampla que orienta o programa de expansão em teledifusão, não há qualquer motivo para uma maior elaboração desse tema no presente memorando. Portanto, o material detalhado a seguir apresenta uma proposta específica para a aprovação do Conselho.

Uma pesquisa extensa foi levada a cabo no decorrer do ano passado sobre as oportunidades na área de comunicação na América Latina – e mais especificamente sobre as oportunidades na televisão. Negociações foram iniciadas em cinco países diferentes: Brasil, Colômbia, Argentina, Peru e Venezuela.

O Conselho de Administração já aprovou uma participação de 30% em um novo canal de TV no Rio de Janeiro em associação com o Dr. Roberto Marinho, editor de *O Globo*. Estamos também explorando a possibilidade de adquirir um canal já em funcionamento em São Paulo. Olhando mais além dos problemas econômicos e políticos do Brasil no momento, as vantagens da dupla operação de canais de televisão em funcionamento em dois mercados, cada um com oito milhões de pessoas, são imediatamente aparentes. O memorando do Sr. Heiskell cobre essa visão de longo prazo.

Uma empresa exploratória foi formada na Colômbia, com uma capitalização modesta, na qual a Time Inc., através de representantes, mantém uma participação de 35% em associação com colombianos importantes. O compromisso financeiro da Time Inc. é nominal a essa altura, e não temos nenhum comprometimento obrigatório para o futuro. O objetivo dessa companhia é explorar e desenvolver o potencial da televisão comercial no país inteiro. Progresso na obtenção da legislação necessária foi realizado com o governo eleito recentemente, e uma equipe da Time Inc. também recentemente completou uma investigação no local sobre as necessidades da televisão colombiana. Espera-se que uma lei favorável venha a ser aprovada ainda este ano e que uma concorrência para a concessão de canais disponíveis ocorra imediatamente depois disso. Desenvolvimentos nessa área serão comunicados aos membros do Conselho na medida em que ocorrerem.

O restante deste memorando trata da proposta específica para operações televisivas na Argentina, no Peru e na Venezuela, que já foi aceita por nosso possível sócio, o Sr. Goar Mestre, mas depende ainda da aprovação do Conselho.

Primeiro, um pouco sobre o Sr. Mestre. Reconhecido já há alguns anos como um dos principais empresários na área de comunicações na América Latina, Mestre é um famoso cubano que foi despojado de quinze propriedades de televisão e rádio (bem como um número de outras empresas familiares) pouco depois da tomada do poder por Fidel Castro. Mestre deixou o país com sua vida, sua família e nada mais que um pequeno *trust* que por sorte ele tinha estabelecido em Nova York. Antes de seu exílio de Cuba, Mestre tinha negociado com a CBS para participar na base de 50-50 da abertura de um canal de televisão em Buenos Aires. Esse plano foi possível porque a esposa de Mestre era argentina de nascimento – o que, segundo a lei argentina, é uma precondição para ter uma concessão de televisão. Depois de suas perdas em Havana, Mestre e a CBS continuaram com o plano para Buenos Aires e a CBS acrescentou aquela parte que ele já não podia mais financiar – ampla evidência da atitude da CBS com relação a Mestre. A informação acima é necessária para uma total compreensão da natureza desta proposta e do homem com quem propomos nos associar.

Formado pela Universidade de Yale, e completamente americano em termos de atitude e prática empresariais, Mestre é, ao mesmo tempo, um perfeito latino-americano que entende a política e a economia de fazer negócios naquele hemisfério. Múltiplas operações com Mestre nos dariam a oportunidade de espalhar nossos riscos em uma base minoritária por um mercado televisivo em rápida expansão, que hoje está em um estágio mais ou menos com-

Propõe-se que a Time adquira uma participação de 12,5% nessa operação para que US$1 milhão em dinheiro seja pago a Mestre por, aproximadamente, 40% de suas ações. Incluído no preço de compra, a Time adquiriria notas de dólar da companhia argentina em um total de US$129 mil, e cerca de US$25 mil de juros acumulados mas não pagos.

Examinando uma estrutura empresarial complicada, a propriedade da operação após a aquisição de ações pela Time seria dividida da seguinte forma:

CBS	43,0%
Mestre	18,5%
Time	12,5%
Argentinos	<u>26,0%</u>
	100%

(Os acionistas argentinos têm uma opção contra a CBS por 12% da companhia, exercível em três anos ao valor contábil líquido.)

Andrew Murtha, o gerente de negócios de telerradiodifusão da Time-Life, estudou detalhadamente os demonstrativos financeiros e as projeções junto com o braço-direito de Mestre, Juan Palli, que foi gerente geral da Companhia Aérea Cubana. Acreditamos que as projeções para a receita sejam sólidas, e que a Time possa recuperar seu investimento em dólares após tributação (índice de 52%) em apenas pouco mais de seis anos – isso é, desde que o país não afunde.

As vendas do Canal 13 praticamente acompanharam o ritmo da recente desvalorização e as cobranças até melhoraram nos últimos meses!

Novas receitas importantes visíveis no horizonte estão só parcialmente refletidas nas projeções acima. Uma filial de canal já foi estabelecida em Córdoba e está começando a gerar uma renda que vale a pena. Antes da crise de Frondizi, canais regionais – mais de 40 – tinham sido prometidos pelo governo. O grupo de Mestre está trabalhando junto a 26 desses grupos para estabelecer filiais. Com uma população total de 21 milhões na Argentina, o potencial de publicidade televisiva desse desenvolvimento é óbvio. Essa renda futura não está incluída em nossas projeções, à exceção de Córdoba. Da mesma forma, as vendas de programas para o exterior estão se desenvolvendo rapidamente – atualmente para o Uruguai e para o Peru. É evidente que novas receitas virão dessa área.

CANAL 13, LIMA, PERU

O mercado televisivo em Lima cobre uma população de 2,3 milhões de pessoas morando em quase 500 mil domicílios. Entre 50 e 65% do Produto Interno Bruto da nação são gerados nessa área. Estima-se que o número atual de aparelhos de TV esteja entre 85 mil e 110 mil, com ênfase na última cifra. No momento existem quatro canais de televisão em funcionamento, sendo que o último deles começou a funcionar na primavera passada. A NBC fez um mau negócio em Lima e faliu (principalmente por problemas políticos com proprietários dos jornais locais), mas o mesmo canal foi aberto outra vez (sem a NBC) pelo grupo Prado, que também controla o Canal 4. O Canal 2 é dirigido por um indivíduo considerado impopular; 50% da operação consolidada do Canal 13 pertencem a peruanos (os irmãos Delgado e Isaac Lindley) e os outros 50% a CBS-Mestre. Esse Canal é indiscutivelmente dominante – com 70% da audiência – e 69 dos 75 programas mais importantes.

Em uma renda nacional de publicidade calculada em US$20 milhões, a participação da TV já é calculada em 20-35% (cifras de agências distintas) e está crescendo rapidamente. Um novo desenvolvimento é o estabelecimento de canais regionais em seis outros centros principais de população no Peru (a população total é calculada em 11 milhões, dos quais cerca de oito milhões são índios). O grupo do Canal 13 tem uma filial com um desses canais em Arequipa e já adquiriu concessões nos outros cinco mercados. Em cada caso, interesses locais foram introduzidos com capital integralizado para formar novas companhias com o Canal 13, Lima, controlando uma participação acionária de no mínimo 50%. O capital local, na verdade, pagou pelo equipamento dos canais, e o Canal 13 mantém sua participação sem qualquer custo e, ainda por cima, com contratos de filiais. Dentro de dois anos estima-se que essas seis filiais vão desenvolver um total de 60 mil aparelhos novos, o que, por sua vez, deverá duplicar os lucros operacionais da matriz em Lima. Os lucros do Canal 13 vêm conseguindo um progresso contínuo. O desempenho antes da tributação em 1962 foi estimado em US$300 mil, que, à luz do controle atual, aproxima-se ao potencial das operações locais. A adição dos outros US$300 mil das filiais nos dá nossa estimativa de um lucro operacional de US$600 mil por ano dentro de dois a três anos. Presumindo uma tributação de 50%, uma participação acionária de 20% deve gerar US$60 mil por ano após tributação. Assim, o investimento de US$300 mil proposto pela Time representa receitas – após tributação – de cinco vezes mais.

Propõe-se uma recapitalização do Canal 13, sob a qual a Time iria adquirir uma participação de um quinto por um pagamento em dinheiro ao negócio de US$300 mil. Os atuais grupos acionários com 25% concordaram com uma participação de 20% sob o novo financiamento; US$150 mil do dinheiro da Time seriam utilizados para a expansão da fábrica e equipamento para prestar serviços à nova rede e os outros US$150 mil para capital de giro.

Deve ser mencionado que a venda tem se mantido firme nos últimos anos, que a economia está prosperando (um item recentemente desenvolvido, fertilizante de peixe, agora representa 25% da receita em dólares do país!). Em todos os níveis, do homem comum até o membro do Lima Country Clube, os peruanos parecem estar genuinamente felizes e calmos com a Junta. (Uma pequena nuvem – será que a Junta irá cumprir sua promessa de eleições livres em junho do ano que vem?). A não ser por isso, as projeções de bons ventos na economia peruana são unânimes.

CANAL 8, CARACAS, VENEZUELA

Nesse mercado de 1,5 milhão de pessoas e um número estimado de 135 mil aparelhos de televisão (saturação de 61%), dois canais comerciais bem estabelecidos estão em funcionamento. O Canal 2, da família Phelps, está associado com a NBC; e o Canal 4, dos Cisneros, está igualmente associado com a ABC. As duas redes norte-americanas parecem ter investimentos substanciais. Os dois canais parecem estar fazendo dinheiro e, com base nas estimativas disponíveis sobre gastos com publicidade, isso tem de ser verdade! Um terceiro canal, o Canal 5, é operado não comercialmente pelo governo. Dois canais adicionais já foram autorizados, os canais 8 e 11, e desses nós estamos interessados no primeiro.

É relevante assinalar que os canais 2 e 4 desenvolveram aquilo que, na verdade, representa operações de rede por meio de captações "fora do ar", que se estendem do leste ao oeste do país até Maracaíbo. Dessas áreas, Valência, o novo centro de produção, talvez seja a mais importante. Para competir com os canais 2 e 4, devemos pensar em um terceiro sistema de rede – ou sob o sistema atual, ou em um modelo semelhante ao modelo Argentina-Peru.

A população total desse Texas da América Latina – a Venezuela – é de 7,5 milhões. O país foi beneficiado com uma das maiores concentrações de riqueza natural do mundo – a participação do investimento dos EEUU na Venezuela só é ultrapassada pelo investimento do Canadá: uns US$4 bilhões. Embora US$3,2 bilhões desse total sejam em petróleo, a lista de companhias representando os restantes US$800 milhões é surpreendente. Nessa economia borbulhante, estima-se que o bolo da publicidade nacional alcance um total de pelo menos US$50 milhões, e desse total a TV realiza apenas US$7 milhões. Há obviamente um amplo potencial para a TV neste país.

A proposta que a Time Inc. fez a Mestre (e que ele aceitou) é formar uma companhia original capitalizada em US$1 milhão; 20% do capital seriam oferecidos a Mestre e seu sócio venezuelano (10%-10%) em troca da concessão para o Canal 8. Mestre concorda em pagar US$100 mil para ter mais 10%. À CBS seriam oferecidos 20% a US$200 mil. O mesmo seria oferecido à Time, i.e., 20% por US$200 mil. Os restantes 30% seriam oferecidos a venezuelanos importantes, ou a outras pessoas, por US$300 mil. Assim US$800 mil estariam disponíveis para investimento na fábrica, no equipamento e nos custos iniciais. Mestre acha que esses custos podem vir a ser uns US$200 mil a mais, mas os sócios concordariam em contribuir proporcionalmente de acordo com a necessidade de mais capital. Inicialmente, as operações seriam limitadas a Caracas e gradativamente se expandiriam por todo o país. Um capital eventual de US3,5 a US$ 4 milhões seria necessário mas, usando o sistema de Lima, esse capital adicional pode vir totalmente, ou em parte, dos interesses locais nas cidades mais afastadas.

É pertinente também relatar um outro item aqui para completar a parte deste memorando referente a Caracas. Depois de negociações consideráveis com Mestre com respeito à porcentagem da participação acionária a ser emitida para a concessão do Canal 8 (a cifra dele era 25%), e com respeito também à capitalização total do canal de Caracas (a cifra dele era US$1,25 milhão), concordamos em arredondar para baixo nossas diferenças através de um pagamento de US$50 mil a ser feito a Mestre por serviços de consultoria que serão prestados a pedido da Time.

ORGANIZAÇÃO EMPRESARIAL

A estrutura empresarial final dos investimentos propostos em Buenos Aires, Lima e Caracas está sendo estudada no momento pelo consultor jurídico para a CBS, Mestre e a Time Inc. – aspectos estrangeiros e nacionais. Já que os incentivos oferecidos pela Western Hemisphere Trading Corporation parecem se aplicar a essa situação, a viabilidade de seguir essa alternativa está sendo explorada por todas as partes – sujeita, em cada caso, às várias considerações das partes e às diversas restrições locais referentes à propriedade de concessões de canais de televisão.

CONSIDERAÇÕES SOBRE CÂMBIO E CONVERSÃO

No momento, não há nenhuma restrição cambial em nenhum dos três países em discussão que pudesse proibir a repatriação de lucros ou de capital por parte de investidores estrangeiros. Se essa situação mudar no futuro, há um grau de proteção oferecida ao investimento proposto pela Time.

Na Argentina, parte do investimento de capital inicial é coberta pelo decreto especial de radicação, emitido pelo governo, que outorga o direito específico de repatriação dos lucros relacionados com a dita porção do capital. Esse direito é transferível e cobrirá aproximadamente US$100 mil do investimento proposto pela Time na Argentina.

No Peru, é possível cadastrar-se para ter o investimento coberto sob o Plano de Garantia dos EEUU, no qual é garantido o direito de convertibilidade. Se o Peru assinar o saldo do programa, a expropriação de propriedade também estaria coberta. O custo para a Time desse programa seria de metade de 1% da quantia investida para cobrir a convertibilidade e uma taxa semelhante contra a expropriação – i.e., a Time pode assegurar plenamente seu investimento original a um custo de US$3 mil por ano.

Com relação à convertibilidade, garante-se ao investidor que o lucro pode ser transferido à taxa em vigor naquele momento. Embora a Argentina seja uma das signatárias do programa, o investimento da Time aqui não estaria sob proteção, já que nosso investimento está sendo pago a um acionista em troca de ações, notas etc. e não à própria companhia. Essa última condição é uma exigência do programa. A Venezuela ainda não concordou com o programa, embora as negociações com o governo norte-americano estejam em progresso. Nesses casos, a companhia pode obter uma desistência de direito do governo norte-americano, que permite que o cadastramento seja feito em uma data futura, se e quando o governo estrangeiro em questão passar a ser signatário do programa. Essa desistência foi obtida no caso de nosso investimento na televisão do Rio, e esperamos um tratamento semelhante no caso de Caracas.

O RISCO INFLACIONÁRIO

É uma boa ideia levantar a questão referente ao risco de desvalorização na conversão do dólar dos lucros e/ou retorno do capital em todas as economias latino-americanas. A proteção disponível é dupla, embora limitada. Primeiro, uma rápida conversão de lucros e de fluxo de caixa como mencionado acima; e segundo, a força das empresas locais em uma economia inflacionária para aumentar seus índices no ritmo da mesma economia. Em qualquer um dos casos, há um risco inerente em um atraso. Como o canal de Mestre é líder em Buenos Aires, sua experiência nos últimos meses é interessante. O Canal 13 praticamente cobriu sua participação durante a crise recente através de vendas crescentes e aumentos projetados de índices, ao mesmo tempo em que melhorava sua situação de cobrança. Em Lima, como a moeda (sol) está forte, a inflação ainda não foi um problema direto, embora a cobrança seja difícil em toda a América Latina.

Uma vez mais, no caso de desvalorização a questão pode ser levantada com relação à possibilidade de o investimento da Time Inc. ser feito nas moedas locais. Não acreditamos que isso seja possível no caso de Mestre por suas ações em Buenos Aires, mas quaisquer recursos locais da Time Inc. disponíveis no Peru ou em Caracas poderiam facilmente ser utilizados. É importante também assinalar que todas as receitas relatadas e futuras, projetadas no memorando acima, foram estimadas como tendo sido convertidas em dólares nas taxas de câmbio então em vigor.

EM RESUMO:

Por meio deste memorando, solicita-se ao Conselho de Administração aprovação para investir um total de US$1,5 milhão em operações de televisão em associação com Goar Mestre, a CBS e outros, na Argentina, no Peru e na Venezuela. Para que essa proposta seja examinada sob uma perspectiva adequada, deve ser considerada como parte de um programa mais geral de expansão para a América Latina, com vários investimentos já comprometidos, propostos ou projetados.

A melhor forma de fazer isso é examinando cada país separadamente, como se segue:

ARGENTINA (em associação com Mestre-CBS-interesses locais)
   Participação da Time Inc. – 12,5%
   Localização – Buenos Aires e 26 possíveis filiais regionais.
   Investimento: US$1 milhão proposto.

BRASIL (*joint venture* com o Dr. Roberto Marinho)
   Participação da Time Inc. – 30%
   Localização – Rio de Janeiro já comprometido, São Paulo projetado e possivelmente outras filiais.
   Investimento – US$800 mil comprometidos (não inclui os US$700 mil adicionais no contrato de substituição), US$500 mil projetados; total: US$1,3 milhão.

COLÔMBIA (em associação com interesses locais – possivelmente Mestre-CBS)
Participação da Time Inc. – 20%
Localização – Bogotá, Medellín, Cali, Barranquilla.
Investimento – US$500 mil projetados.

PERU (em associação com Delgado, Lindley, CBS, Mestre)
Participação da Time Inc. – 20%
Localização – Lima mais seis canais regionais próprios ou afiliados.
Investimento – US$300 mil propostos.

VENEZUELA (em associação com Mestre-CBS-interesses locais)
Participação da Time Inc. – 20%
Localização – Caracas mais 5-6 canais regionais próprios ou afiliados projetados.
Investimento – US$200 mil propostos, US$300 mil projetados; total: US$500 mil.

Total de Investimentos
Comprometidos	US$ 800.000,00
Propostos	US$ 1.500.000,00
Projetados (2-3 anos)	US$ 1.300.000,00
TOTAL	US$ 3.600.000,00

A Time-Life Broadcast Inc. sugere que esse programa representa uma resposta específica à proposta Heiskell de um investimento diversificado em telerradiodifusão na América Latina. Os riscos são dispersos em participações que vão de 12,5% até 30% em cinco países importantes, cobrindo seis cidades principais e inúmeras filiais.

Na opinião de Jim Linen, a reação entusiasmada da CBS à nossa participação no investimento proposto na Argentina, Peru e Venezuela, expressa no almoço que ele teve recentemente com Frank Stanton, é extremamente importante para a Time Inc. e esse negócio.

Ass: W. C. P. Jr.

MEMORANDO AO CONSELHO DE TIME-LIFE SOBRE INVESTIMENTO NA TV GLOBO

(Outubro de 1965)

Em memorando anterior enviado aos membros do Conselho de Administração, foi solicitada e aprovada uma alocação para investimento de US$3,5 milhões por uma participação de 45% em operações de teledifusão no Rio e em São Paulo. Nossa participação acionária no Rio já foi obtida por meio de uma companhia imobiliária, e espera-se que acordo semelhante ocorra brevemente em São Paulo. Esse investimento de US$3,5 milhões já foi feito com US$2,8 milhões sendo pagos em dinheiro e US$700 mil em garantias bancárias e de equipamento. Os juros referentes ao financiamento temporário, a serem pagos no momento do fechamento em São Paulo pessoalmente ao Dr. Marinho, irão acrescentar um valor entre US$300 mil e US$350 mil ao custo total do investimento. É nossa expectativa que Marinho irá colocar pelo menos US$250 mil dessa quantia diretamente na empresa. À época que os membros do Conselho deram a autorização para o investimento em São Paulo, os custos do financiamento provisório, desconhecidos até que o negócio fosse realizado, foram mencionados mas especificamente excluídos da solicitação da alocação total. Em suma, até o momento, as obrigações da Time Inc. no Brasil são de US$3,8 milhões.

Um déficit de fluxo de caixa foi produzido mensalmente desde que a TV Globo, Canal 4 no Rio, foi ao ar no final de abril. Embora os lucros com a teledifusão em São Paulo tendam a reduzir as perdas naquele estado, a TV Paulista, Canal 5, também está perdendo dinheiro. Por estranho que pareça, ao instigar procedimentos padrões para a lista de preços de publicidade (*rate cards*), para organizar as práticas comerciais do Canal 5, a TV Paulista na verdade passou por dificuldades desde sua aquisição, em dezembro de 1964, em virtude de crises políticas e operacionais que começaram no Rio, com a consequente falta de supervisão gerencial em São Paulo. As duas empresas juntas estão, no momento, passando por um déficit de fluxo de caixa de cerca de US$175 mil por mês. O déficit de fluxo de caixa estimado para o último trimestre do ano é de US$600 mil (essa quantia é superior à taxa mensal, em virtude dos pagamentos do décimo terceiro salário devido em dezembro). Calculamos que haverá um progresso constante durante os seis primeiros meses de 1966, com um avanço para operações lucrativas esperado para julho. No entanto, calcula-se que o déficit de fluxo de caixa para o período de seis meses será de mais US$650 mil, ou seja, será preciso caixa adicional no valor de US$1,250 milhão para o período de outubro de 1965 a julho de 1966.

No fim do ano passado, calculamos que as empresas iriam ao ar (*air date*) em março de 1965, com operações lucrativas quase que imediatas. É evidente que não conseguimos alcançar esse alvo, mas a situação não está tão feia quanto possa parecer. A princípio, com o atraso no começo das operações para o fim de abril, as atividades de vendas e programações foram substancialmente prejudicadas. Com efeito, dois dos principais chefes de departamento – o diretor de vendas e o diretor de programas – se mostraram um fracasso total em suas funções e já foram substituídos. Em segundo lugar, o Dr. Marinho participou de uma dolorosa batalha política com Carlos Lacerda, o governador do estado da Guanabara. O candidato que Lacerda apoiava para sucedê-lo não conseguiu ganhar a importante eleição ocorrida várias semanas atrás. O Dr. Marinho há um ano e meio vem conduzindo as relações políticas com o governo federal de forma brilhante, e espera-se que o relacionamento de Marinho com o governo estadual local alcance um nível semelhante. Isso, por sua vez, permitirá que o Dr. Marinho dedique uma parte substancial de seus talentos empresariais e de seu tempo à operação das propriedades na área de comunicação.

No momento, o sinal gerado pela TV Paulista é paupérrimo, mesmo nos melhores momentos. Um plano para instalar um novo transmissor e antenas no cimo do prédio mais alto de São Paulo está sendo estudado agora, juntamente com a instalação de um equipamento de controle de estúdio, e novas câmeras e fitas de vídeo. Essa instalação será realizada durante os meses mais lentos do primeiro trimestre de 1966, com a exigência de uma quantia mínima para o pagamento de sinal. Um forte sinal de transmissão sobre São Paulo teria a tendência de reduzir o déficit esperado para os seis primeiros meses.

No momento, o número total de aparelhos de televisão no Rio é de 770 mil e em São Paulo são 1 milhão 130 mil aparelhos – um total de 1 milhão e 900 mil aparelhos, que representam aproximadamente dois terços do mercado televisivo do país. Aliás, é bastante óbvio que São Paulo tem um potencial muito maior que o do Rio, já que é o centro de crescimento do complexo industrial brasileiro. Fizemos uma previsão aproximada para as operações nas duas cidades para 1967, com lucro antes do pagamento de impostos calculado em US$1,8 milhão. Outras projeções indicam que o investimento da Time Inc. deve ser totalmente recuperado já em 1971-72. Calcula-se que a oportunidade para um retorno do capital investido por meio de remessas de moeda estrangeira deve ser favorável nesses próximos anos, embora a saída do atual governo Carlos Branco (*sic*) nas eleições presidenciais, marcadas para o final de 1966, possa resultar em uma degradação da nova economia controlada brasileira.

Há evidências de que o Dr. Marinho chegou ao fim de seus recursos bancários pessoais, a menos que prejudique financeiramente suas editoras ou venda uma parte de suas ações na TV Globo – alternativas que até o momento ele não está disposto a considerar. Marinho não imaginou a extensão dos compromissos em que se envolveu quando ingressou na teledifusão. A inflação anterior do cruzeiro durante o período de construção e a atual depressão controlada contribuíram para seu envolvimento. Todos esses fatores, além do assédio político contínuo, distenderam seus recursos pessoais até o limite máximo.

Como foi indicado acima, US$1,25 milhão de capital operacional é necessário para continuar as operações até

1º de julho de 1966, e mais US$335 mil de equipamentos novos para São Paulo, que devem ser adquiridos em compra a prazo e com estabelecimento de prioridades. O que se planeja é que a Time Inc. forneça o "adiantamento" (*front money*) para garantir o desenvolvimento contínuo do negócio, tendo prioridade para o recebimento de qualquer fluxo de caixa disponível como pagamento desses adiantamentos. O novo capital de giro solicitado aos membros do Conselho totaliza US$1 milhão no máximo. Isso representa um investimento total da Time Inc. de aproximadamente US$4,8 milhões, que, junto com uma reserva contingencial de US$200 mil para fazer negócios no Brasil, chega a um total de US$5 milhões. Essa quantia seria reduzida por quaisquer contribuições que o Dr. Marinho possa trazer para o capital de giro durante os próximos nove meses, além dos já mencionados US$250 mil devidos neste outono – mais uma reserva para situações contingenciais.

Embora esse investimento ultrapasse em muito os US$ 850 mil projetados originalmente para uma participação de 30% na TV Globo no Rio, a nova solicitação representa uma participação da Time Inc. de 45% em dois terços do mercado televisivo brasileiro, além de propriedades substanciais em rádio em São Paulo e Recife – uma oportunidade que seria difícil de repetir em qualquer outro mercado estrangeiro no momento.

Ass: W. C. P. Jr.

DIÁRIO OFICIAL
PARECER DO CONSULTOR GERAL DA REPÚBLICA SOBRE O ACORDO TV GLOBO – TIME-LIFE

24 de setembro de 1968
Páginas 8358 e 8359

PRESIDÊNCIA DA REPÚBLICA
Decisões do Presidente da República

ESCRITÓRIO DO CONSULTOR GERAL DA REPÚBLICA
Parecer
R 1.369-67 – nº 685-H de 20 de outubro de 1967. "Aprovo em 23 de setembro de 1968".
NOTA: Em 3 de setembro de 1968, em cumprimento à decisão de 11 de março de 1967 de Sua Excelência o Presidente da República, o Banco Central do Brasil, através da carta 569-68–Presi, respondeu ao Escritório do Consultor Geral da República que, após examinar os registros do processo, mantivera a informação transmitida anteriormente.
ASSUNTO: TV Globo – Acordo Time-Life – Parecer nº 490-H – A situação factual verificada pela CONTEL e pelo Banco Central confirma as conclusões legais de dito parecer.

PARECER

1. Os acordos assumidos entre a TV Globo e a Time-Life, após terem sido exaustivamente examinados pelo Conselho Nacional de Telecomunicações e pela Comissão de Alto-Nível nomeada pela Ordem nº 22-B de 24 de janeiro de 1966 do Ministro da Justiça, foram submetidos a este escritório do Consultor Geral para estudo e emissão de parecer.

2. Este escritório emitiu o Parecer nº 490-H sobre o assunto, que foi aprovado por Sua Excelência o Presidente da República como se segue:

> "O Parecer do Consultor Geral da República chega à conclusão de que os contratos sob exame são válidos porque não violaram qualquer provisão legal em vigor à época em que foram feitos. É uma análise detalhada das provisões legais dadas como infringidas, bem assim como das cláusulas contratuais que teriam sido violadas".

Não posso deixar de aceitar essas conclusões como sendo bem fundamentadas juridicamente. É possível, no entanto, que a carta dos contratos não tivesse violado, à época que esses foram feitos, as leis em vigor, e que uma lei posterior não possa ser aplicada a esses contratos *ex post facto*. Mas os dois argumentos principais alegando violação da lei não são de uma natureza exclusivamente legal, mas também requerem uma verificação factual: a primeira está relacionada com a possível existência de uma provisão que daria a um estrangeiro, ou a alguém nomeado por estrangeiros, a autoridade gerencial na Televisão, e isso está proibido pela

Constituição e até mesmo pelas leis em vigor à época que os acordos foram feitos. O segundo está relacionado com os investimentos e o retorno desses mesmos investimentos.

O Parecer da CONTEL alega infração no investimento e nas operações de câmbio pelas quais os recursos foram enviados para o edifício e instalações da TV Globo, assim como na maneira pela qual o investimento é remunerado, o que pode infringir a Constituição Federal e o Código de Telecomunicações.

Portanto, sem aceitar a conclusão da nulidade dos contratos, já que os fundamentos do Parecer do Consultor Geral da República mostram que não houve qualquer infração legal, reconsidero minha decisão, mas ordeno que as seguintes medidas sejam tomadas:

a) que a CONTEL verifique se de fato poderes de gerenciamento ou as políticas intelectuais ou administrativas foram confiadas a estrangeiros; se isso ocorrer a qualquer momento seria o suficiente para que se desse uma violação da lei brasileira, sujeita às penalidades do Código de Telecomunicações, mesmo que a forma dos contratos possa dizer o contrário;

b) que o Banco Central do Brasil deve verificar a regularidade das remessas cambiais, o registro do capital e a forma de sua remuneração, reexaminando essas questões de acordo com a legislação em vigor à época em que os contratos foram feitos, e em confrontação com a afirmação da CONTEL que aparece no registro.

3. Em vista da decisão acima, o processo foi enviado para a CONTEL para que sejam cumpridas as medidas determinadas.

Pela Exposição de Motivos nº 29, de 12 de junho passado (1967), o presidente da CONTEL submeteu a Sua Excelência o Presidente da República a seguinte informação:

> "A essa altura deve ser lembrada uma breve parte da Exposição de Motivos nº 20/CONTEL, de 2 de março de 1967, na qual o então presidente do Conselho, Comandante Euclides Quandt de Oliveira, informou a Sua Excelência o Presidente da República:
> "2. Devo esclarecer que tudo indica que, atualmente, não há qualquer interferência da TIME-LIFE na administração e orientação intelectual da TV. Isso não altera as conclusões a que chegamos acima, porque, se a existência de dita interferência tivesse sido verificada, o remédio a ser aplicado teria sido outro: o cancelamento da licença".

Nada de novo ocorreu para evidenciar a interferência da Time-Life na administração e orientação intelectual da TV Globo Ltda., o que certamente provocaria uma proposta para o cancelamento da licença; a CONTEL já informou a Sua Excelência o Presidente da República de tudo que sabe, e propôs as soluções que considera corretas. Apesar disso, em cumprimento a seu dever legal referido na decisão de Sua Excelência o Presidente da República, a CONTEL se manterá alerta para o comportamento futuro do canal de televisão e, se o caso surgir, proporá a medida corretiva que pode ser necessária se ocorrer uma violação da lei ou da Constituição no relacionamento entre a TV Globo e a Time-Life.

4. Também o Banco Central da República, através da carta 148-67 de 29 de junho passado (1967), em resposta ao telex nº 72/SCAER-90 do Escritório do Chefe da Casa Civil, que exigia cumprimento do item "b" da decisão presidencial acima citada, informou o seguinte:

> "Em conexão a isso, informamos a Vossa Excelência que não recebemos, para as medidas e informação solicitadas, os registros do processo relacionado com as ditas recomendações, que, de acordo com nossa investigação, ainda está com o Conselho Nacional de Telecomunicações para as verificações referidas no item 'a' de dita decisão presidencial. Embora seja necessário, para total concordância com as medidas atribuídas ao Banco Central, que todas as partes dos registros agora em poder da CONTEL nos sejam enviadas, nós lhes informamos que as operações executadas pelo Grupo Roberto Marinho (TV Globo Ltda., Rádio Globo, Roberto Marinho e Empresa Jornalística Brasileira), que aparecem nas tabelas aqui anexadas, foram registradas neste órgão em conformidade com as regras estabelecidas pela Lei nº 4.131 de 3 de setembro de 1962".
>
> "Com relação às operações realizadas pela Time-Life Brazil Inc. e pelo Sr. Roberto Marinho, que também aparecem nas listas aqui incluídas, essas foram registradas pelo Departamento Cambial do Banco do Brasil de acordo com a Instrução nº 289 da antiga SUMOC".

5. Por outro lado, a esse respeito, o Sr. Celso Luiz Silva, gerente de Controle e Registro de Capital Estrangeiro do Banco Central e membro da Comissão Especial nomeada pelo Ministro da Justiça, afirmou claramente, na Exposição de Motivos que ele subscreveu juntamente com o tenente-

coronel Mário Brum Negreiros, do Conselho de Segurança Nacional, o seguinte:

> "9. Não havia qualquer motivo para ocultar qualquer informação sobre as operações, que não eram de forma alguma clandestinas. As autoridades brasileiras foram informadas antes da assinatura dos vários acordos e no decorrer de novas negociações.
> 6. Todas as operações financeiras foram realizadas através de bancos oficiais ou de bancos autorizados e tinham a natureza de financiamento aleatório".

6. Como se vê, as duas recomendações contidas na decisão presidencial acima transcrita – a primeira endereçada à CONTEL, item "a", e a outra ao Banco Central do Brasil, item "b" – estão respondidas: a primeira no sentido de que "nesse momento, não há qualquer interferência da Time-Life na administração e orientação intelectual da TV Globo"; a segunda, que "as operações realizadas pela Time-Life Brazil Inc. e o Sr. Roberto Marinho foram registradas pelo Departamento Cambial do Banco do Brasil, de acordo com a Instrução nº 289 da antiga SUMOC".

7. Portanto, as investigações realizadas só fortalecem as conclusões do Parecer nº 490-H desta Consultoria, que, assim, continua sem qualquer alteração.

Sob censura.
Brasília, 20 de outubro de 1967
Adroaldo Mesquita da Costa,
Consultor Jurídico Geral da República

Impresso nas oficinas da
SERMOGRAF - ARTES GRÁFICAS E EDITORA LTDA.
Rua São Sebastião, 199 - Petrópolis - RJ
Tel.: (24)2237-3769